常識を超えた「信仰心で治る力」

病《やまい》を乗り切るミラクルパワー

RYUHO OKAWA

大川隆法

JN172007

まえがき

人間の悩みの中で、「病《やまい》」の持つ比重は実に大きい。健康であればこそ、地位や名誉、権力への欲も増大してくるが、病の時には、痛みや苦しみ、金銭的心労や、家族や社会にかける迷惑というマイナス思考、ネガティブ思考の虜《とりこ》になってしまう。

未来への希望も小さなものになる。自由に歩き回ったり、自力でトイレに行ったり、もう一度、湯舟《ゆぶね》につかりたい、などのささやかすぎることが心の大半を占めてしまう。元・一流大卒のエリートだったり、元・スポーツマンであったりすればするほど落差《らくさ》の大きさに悩むだろう。

ワーク・ライフ・バランスにおける中道《ちゅうどう》が必要である。また人は、苦しみや悲しみを通して「優《やさ》しさ」の大切さに気づくという真理に目覚めるべきだろう。

「病」と「老い」について深く考えることも、中年以降の人たちにとっては大切な仕事であると悟ろう。

二〇一八年　二月十三日

幸福《こうふく》の科学《かがく》グループ創始者兼総裁《そうししゃけんそうさい》　大川隆法《おおかわりゅうほう》

病を乗り切るミラクルパワー　目次

第1章

病《やまい》を乗り切るミラクルパワー

二〇一六年六月三十日　説法《せっぽう》
幸福の科学 特別説法堂にて

3 回復期や予後《よご》において必要な考え方

4

病気に対する「霊的《れいてき》なもの」の影響《えいきょう》　51

第2章 病気に関するQ&A

Q1 身内の介護《かいご》問題を乗り越《こ》えるには 90

二〇一六年六月三十日
幸福の科学 特別説法堂にて

二〇〇一年十月十七日
東京都・幸福の科学総合本部にて

第1章

病《やまい》を乗り切るミラクルパワー

二〇一六年六月三十日　説法《せっぽう》
幸福の科学　特別説法堂にて

1 「心の力」「霊界《れいかい》の働き」と「奇跡《きせき》」との関係

病気に関することは、宗教ではわりにメジャーな分野と思われますので、ときどき病気関係の話もしておいたほうがよいのではないかと思います。

最近、生長《せいちょう》の家《いえ》の初代と三代目に関して、初代については霊言《れいげん》を、三代目については守護霊《しゅごれい》霊言を録《と》ってみました。

初代のときには、「生長の家の本を読むだけで病気が治る」というようなことを、ずいぶん宣伝していた時代があり、実際、病気が治った実例もかなりありました。

●初代については……『生長の家 創始者 谷口雅春《たにぐちまさはる》に政治思想の「今」を問う』『生長の家 三代目 谷口雅宣《まさのぶ》のスピリチュアル分析《ぶんせき》』（共に幸福の科学出版刊）参照。

ところが、三代目になってからは、唯物論《ゆいぶつろん》的な思考がかなり強くなり、この世的になって、ジャーナリスティックな判断ばかりし始めるようになりました。そうすると、不思議なことに、病気が治らなくなり、むしろ初代の教義を否定するようなことが多くなってきています。

初代の考えを「間違《まちが》っている」と批判するのは構わないのですが、「初代のときには病気が治ったのに、治らなくなってきた。治らないから、よけいに否定したくなる」というようなところもあるようです。

そのように、「心の力、および、霊界《れいかい》の働き、天使たちの働きや神の力のようなものを、どの程度まで分かっているか」というのは極《きわ》めて大きなことであり、それが分からない人には、奇跡《きせき》はなかなか臨《のぞ》みにくいものかと思います。

また、奇跡が臨んでいても、それに気がつかない人がたくさんいることも事実です。「偶然《ぐうぜん》だ」「たまたまだ」などと考える人もいるだろうと思うのです。

宗教では、確かに、この世的に生きやすい話というか、上手に生きていくための方法も説かれていることがあるので、そのあたりが難しいところではあります。

ただ、この世的な知恵《ちえ》も必要ですが、宗教修行《しゅぎょう》をしている以上、やはり、霊的な存在としての自分を認識し、「自分は霊的な存在だ」ということを、もっともっと深く、毎年毎年、知っていくほうがよいのではないかと考えます。

2 病気を予防する心と習慣をつくるには

「病《やまい》は気から」と考えるだけではなく、食生活等にも配慮《はいりょ》を

病気は、たいていの人が一生に一度や二度ぐらいは経験するものだろうと思うので、まったく病気をせずに天寿《てんじゅ》を全《まっと》うする人は非常に少ないでしょう。

病院に行くのは嫌《いや》な人もいるので、病気を知らないままにこの世を卒業する人もいるかもしれませんが、ある意味では、どのような症状《しょうじょう》であろうとも、病院はそれに必ず病名を付けてくれるので、病気というものは存在することになっています。

昔で言えば自然死に当たるようなものであっても、病院で死ねば、おそらく、何か病名を付けてくれるだろうと思います。その意味では、病気を経験しない人はいないでしょう。

もちろん、現代では、科学的な研究もかなり進み、医療《いりょう》の方法や薬品も進んでいるので、昔のようなことだけでは済まないと思います。「病《やまい》は気から」と考えるだけで、全部の病気が治るとは思えません。

例えば、戦中・戦後あたりの食糧《しょくりょう》不足のときであれば、意外に簡単なものにも効き目があったりしました。

例えば、私が生まれたころあたり、昭和三十年代ぐらいまでだと、周りに結《けっ》核患者《かくかんじゃ》が多くいました。結核は、江戸《えど》時代には「労咳《ろうがい》」と言われ、死ぬ病気としてよく知られていましたが、だいたい、栄養失調だと、このような病気になるのです。

そのため、このころであれば、例えば、「卵を一個、食べる」ということでも十分に薬のようになり、見違《みちが》えるほど元気になることもありました。あるいは、牛乳を飲むと元気になることもあったり、めったに口に入らない肉を食べるだけで元気になったりすることもありました。

そのように、食生活などの生活習慣から見て欠乏《けつぼう》しているものを与《あた》えることで、元気になることもあろうかと思います。このへんについては、ある程度、合理的に考えてもよいと思いますし、この世的に見てもよいかもしれません。

もちろん、植物には必要な養分があり、それがないと枯《か》れてしまうことがあるように、人間にも、生きていくために必要なものはあると思うのです。

病気の予防には「強い意志」や「向上心」が要《い》る

病気を考えるに当たっては、病気の予防の部分、すなわち、病気に罹《かか》らないように、「あらかじめ予防する部分」もありますし、病気に罹ってからあと、「健康を回復させるための期間における努力の部分」もあります。また、病気を乗り越《こ》えたあと、「予後《よご》の用心や、死に至るまでの過ごし方の部分」もあります。

このように、時期的に見れば、三つほど、考えなくてはいけない点があるのではないかと思っています。

まず、予防に当たる部分について考えてみたいと思います。

現代医学的には、病気はほとんど統計学的に考えられており、例えば、その病気の患者について、いろいろな統計値を全国的に取って、「平均からどのくらい外れているか」ということを調べ、何かの数値が平均から非常に外れていれば、それをその病気の原因だと考えることが多いのです。病院などでも、だいたい、それがその病気に対する治療方針の基礎《きそ》になっています。

そういう意味では、自分の食生活などの生活習慣等を見て、平均的な人と比べて極端《きょくたん》に変わっている部分があれば、それが病気の原因にもなりやすいため、「そこを、ある程度、ほかの人ができるところまで標準化していこう」と考えることで、原因の部分を消していける面はあるのではないかと思います。

それは決して〝ミラクル（奇跡《きせき》）〟ではありませんが、健康な精神状態や生活状態を維持《いじ》することは、それほど簡単ではなく、「強い意志」を持って正常な生活を送り続けていくことには、一定の「志《こころざし》」というか、「向上心」のようなものが必要だと思うのです。

それは、ある意味で、「神に対する恩返し」のようなものではないかと私は思っています。

大病をすると人生観が変わる理由

「大病をすると人生観が変わる」とよく言われます。なぜかというと、健康で頑健《がんけん》なときには何とも思わなかったことに関し、不自由な生活をすることによって初めて、「ああ、こんなことも、ありがたいことなのだ」と分かるからです。

「病気のすすめ」をする気持ちはありませんが、健康なときには気づいていないことはたくさんあるのです。

例えば、車椅子《くるまいす》での生活になれば、「二本足で立てることが、どれほど幸福か」ということが分かります。

考えてみたら、「二足歩行ができるようになる」というのは大変なことです。たいていの動物は、前足と後ろ足の四本足で歩いていますが、これは非常に安定したスタイルです。

車が二輪で走るのは大変なことです。最低でも三輪、前にも一つぐらい欲《ほ》しいところであり、タイヤが二つだけだと、けっこう大変でしょう。

同じように、二本足で立つのは大変なことです。足の面積の小ささから考えると、これで全体重を支え、バランスを取って歩くのは、けっこう難しいことだと思うのです。

「この世的に獲得《かくとく》した形質は遺伝しない」という言い方もされ、それには、ある程度、当たっているところもあるのですが、当たっていないところもあります。

人間は二足歩行、直立歩行ができるようになりましたが、「そうしたい」という思いがあって、そうなっていると思いますし、それを獲得した力は、やはり、代々、受け継《つ》がれているのではないかと思うのです。

二本足で立つとき、片足にかかっている体重はそうとうなもので、何十キロもかかっています。それで一日を過ごせるのは、すごいことです。

水分の摂《と》りすぎによって起こる「水毒《すいどく》」は〝社長病〟

水が飲めないと、砂漠《さばく》では苦しみますが、水を飲みすぎると、今度は病気になります。文明国の都市型生活では、水分の摂《と》りすぎで病気になることもあるのです。

〝社長病〟と言われるものもそうです。一日中、お茶を飲んでいる状態が続くと、体のなかに水が溢《あふ》れてきますが、都会の近代化したビルのなかで過ごしていると、汗《あせ》をかかないので、たいてい、水分の排泄《はいせつ》機能が弱くなってきます。

そのため、体に水が溜《た》まり、それが原因で病気になる人はけっこういます。それは「水毒《すいどく》」と言われるものですが、人手をかけて丁寧《ていねい》に扱《あつか》われれば扱われるほど、そういう傾向《けいこう》も出るのです。

それから、食事でも、「上等な料理ばかりを食べている」と思っても、水分を過度に取り込《こ》むこともあるかと思います。

例えば、塩分が多い料理を食べすぎると、同時に水分も取り込みすぎます。辛《から》いものを食べると水を飲むので、塩分を取り込むことによって体内の水分も増え、体のなかに水が溜まる現象が起き、病気になりやすいところがあるのです。

また、食べ物の偏食《へんしょく》もかなりありますが、偏食によって、どうしても体の構成要素が変わってくるので、それが行きすぎると、病気になってもしかたがないわけです。

「極端《きょくたん》な医学的提唱」には気をつけたほうがよい

ただ、医学的と思われるような提唱もたくさんあるのですが、極端《きょくたん》なことを言っているものには、少し気をつけたほうがよいのではないかと思います。

例えば、「一日一食でよい」ということを勧《すす》められると、経済的にも都合《つごう》がよく、痩《や》せるような気もするのですが、一日一食だと、やや体に害があるかもしれません。

それから、「一食を抜《ぬ》いて一日二食にするとよい」という意見もよくあります。それをすれば、確かに体重は減り始めることもあります。

ただ、相撲《すもう》取りで言えば、一日二食にすると太り始める人もいます。食べずに空腹で朝稽古《あさげいこ》をし、昼前に大食《たいしょく》をして、夜にまた大食をして寝《ね》ると、体に肉がついて、どんどん体重が増えていくこともあるのです。

このように、食事の回数を減らすと、食が進みすぎて、逆に太る場合もあります。一定の飢餓《きが》状態をつくることによって、体の吸収力がすごく高まるので、かえって身に肉がつく場合もあるのです。もちろん、体重が減る場合もあって、このあたりは加減にもよるでしょう。

それと、体をつくっているものには、爪《つめ》や毛、皮膚《ひふ》、それから、筋肉、脂肪《しぼう》、神経細胞《さいぼう》や骨など、いろいろなものがあるので、その組成養分《そせいようぶん》に関しては、やはり一定の量を摂らないといけないところはあると思うのです。

このへんについては、食事を減らす経験をした方は考えたほうがよいのではないかと思います。

四十代後半で大病をした私の「その後の食生活」

私は、長年、ろくに病気もしないで元気に過ごしていたので、宗教家らしからぬことではありますが、病人に対する同情が少し薄《うす》かった面がありました。

普通《ふつう》は四十代ぐらいで病気になる人が多いのですが、私も四十代の後半で、一度、大病をし、それで深く考えるところがありました。

私には、若いころから、やや小太りの傾向はあったのですが、体重を減らそうとすると、くたびれやすくなって倒《たお》れるので、仕事を続けられません。「仕事優先」ということになると体重を減らせず、維持していたのですが、やはり、「少し重すぎるかな」という感覚はありました。

運動量に比して体重のほうが多いというか、「食べるものが高カロリーだった」ということでしょう。

しかし、病気をしてみて、「少し体重を落とさなくてはいけない」ということと、「どうも水分を摂りすぎているらしい」ということに気がついて、その後、かなり摂生《せっせい》をしました。

体重を減らす際には、まず「水抜き」をすることにし、体に溜まっている水分を出すところから始めました。よく汗をかくような運動や歩きなどを増やしながら、取り入れる水の量を調整するあたりから始めたのです。

それから、「痩せる」ということでは、朝ご飯《はん》を抜いて昼と夜の二食だけにしました。医者は、通常、「朝ご飯を抜くな」と言いますけれども、朝ご飯を抜き、昼は、そうめん、そば、あるいはイタリアン系の麺類《めんるい》ぐらいにして、夜だけは普通に食べるようにしたところ、「だいたい毎月二キロずつ体重が落ちていく」ということを経験しました。

もちろん、散歩なども取り入れていましたが、「朝ご飯を抜くと、毎月二キログらいずつ減る」ということが分かったのです。

ただ、十キログらい体重が減ったあたりで、それを越えてやり続けると、今度は「髪《かみ》の毛が抜け始める」ということを経験しました。

今、私はまだ、植毛もせず、かつらもつけていませんが、体重を十キロ落としたあと、さらに欲を出して、「標準体重はもう少し軽いから、あと少しぐらい減らそうか」と思っていたら、そのうち、お風呂《ふろ》に入ったりしたときに、髪の毛がかなり抜け始めたのです。

それを見て、「ああ、これは原材料が不足しているからだな」と感じたので、朝食を元どおりに戻《もど》し、軽食を摂るようにしたら、体重は下がらなくなりました。毎月、はっきりと二キロ減っていたのが、減らなくなったのですが、髪の毛も抜けなくなってきたのです。

私の髪の毛は多いほうで、一日に三回ぐらい頭を洗っても、毛があまり抜けないというか、ハゲないので、うらやましがられてはいます。「一回、頭を洗うと、百本ぐらい毛が抜ける」という話もあるので、一日に三回も洗っていると、一年で丸坊主《まるぼうず》になり、ツルツルになってしまうはずですが、幸い、私の毛は多いほうですし、あまり抜けないのです。

しかし、「原材料を減らすと抜け始める」ということを経験しました。

「水を大量に飲むこと」や「糖質制限」によるダイエットの問題点

それから、塩分が多すぎると、しょっちゅう水分を摂るかたちにはなるので、「体に水が溜まる」という現象が起きます。それだと、いろいろな病気のもとになりやすく、特に内臓系の病気になりやすいので、このあたりにも気をつけなければいけません。普通の人よりも多く、やたらと水を飲んでいる人は気をつけたほうがよいのです。

ただ、ダイエットの本のなかには、昔から、水を大量に飲むことを勧めるものもあります。毎日、水を二リットルぐらい飲んだり、朝起きたら水を飲んだりすることを勧める本があるのです。

水のカロリーはゼロですし、「水をたくさん飲むと、満腹状態になって食べられない」というあたりを目指しているのではないかと思うのですが、必ずしもそれがよいとは思えないような気がします。

排泄がきっちりできていれば、それでもよいのでしょうし、走ったりするのであれば、たくさん飲んでもよいのかもしれませんが、「水だけを飲んで健康になる」ということには、やや問題があるのではないかとは思っています。

最近、気になるのは、「糖質ダイエット」というものがかなり流行《はや》っていることです。「五十歳《さい》を過ぎたら、もう、糖分、糖質を摂るな」というようなことが新聞広告に大きく載《の》っていて、そういう内容の本を売っているようですが、これについても「怪《あや》しいな」と思っています。

私の場合、頭を働かせて、本を読んだり、ものを書いたり、話をしたりすることが多いのですが、頭脳の養分としては通常、糖分しかありません。ブドウ糖しかエネルギー源がないのです。

「ガソリンなしで走れ」と言われても車は走れません。糖質の摂取を完全にゼロにしたら、自分の体のなかにあるものを溶《と》かして使うしかないと思うのですが、「蓄《たくわ》えがある分は使える」とは思うものの、一定以上のところまで行くと、先行き、〝体にダメージがある〟のではないかと思うのです。

「糖質ダイエット」は、最近、勧められ始めたばかりなのですが、十年か二十年すると、結果が出てくると思います。

老後に脳の機能が衰《おとろ》え、認知症のようなもので行動が正常ではない方々がたくさん出てきて、周りに迷惑《めいわく》がかかることもありますが、私は、「この糖質制限も、場合によっては、老後の頭の機能に影響《えいきょう》を与えるのではないか」という気がしているのです。

肥満傾向のある方の場合には、糖質の摂取を少し抑《おさ》えるのは当然のことかと思いますが、「まったくゼロにするようなことは、少し考えものかな」と考えています。

仏教は完全な菜食というわけではない

それから、肉類も、食べすぎると、もちろん、病気がいろいろと出てくることもあるのですが、「まったくゼロにするのは考えものかな」と思っています。

完全な菜食主義を取り、それで生活していける人もいるので、できないわけではないと思うのですが、現代的には、子供時代から、ある程度、バランスの取れた食生活をしている人が極端に寄りすぎると、体を悪くする原因になるのではないかと思います。

修行《しゅぎょう》としては昔から断食《だんじき》などがあり、菜食主義はそれに近いものかと思います。「他の生命を奪《うば》ってはいけない」という宗教的な考えがあって、「生き物を殺してはいけないから、肉類を食べてはいけない」という理由で菜食主義を取る人もいます。

そういう教義で活動している団体もあるので、菜食主義を完全に否定する気はありません。

確かに、生き物を殺す現場を見たら、その肉はなかなか食べられません。仏教には、「殺生《せっしょう》の現場を見たり、『自分に提供するために殺されたものだ』と知ったりしたときには、その肉を食べてはいけない」というような戒律《かいりつ》が昔からありました。

ただし、「仏教は菜食主義だ」と思う人も多いのですが、完全に菜食というわけではありません。釈尊《しゃくそん》の時代、出家者《しゅっけしゃ》は托鉢《たくはつ》をしていましたが、一般《いっぱん》の民家で托鉢をすると、普通の家庭の人たちが食べるものと同じようなものをお鉢《はち》のなかに入れられます。入れられたものは何でも食べていましたが、そのなかには肉類も入っていたので、菜食だったわけではないのです。

ただ、後《のち》の世の僧侶《そうりょ》たちが、生き物に対する哀《あわ》れみの感情から、「豆腐《とうふ》やネギなどを肉の代わりにする」というような考え方をし、それをやっているところは多かったかと思います。

それは、生活的にレベルが低かったからでもありますが、もう一つ、性欲を抑える意味もありました。

肉類という、高エネルギー源になるようなものを食べないことで、要するに、瞑想《めいそう》と言えば瞑想、禅定《ぜんじょう》と言えば禅定、〝昼寝〟と言えば昼寝の状態のようなものを（笑）、〝人工的に〟つくり出すことはできるのです。カロリー不足だと動けないので、そういう意味では、「煩悩《ぼんのう》が出にくくなる」という面があったのではないかと思います。

ただ、そういう生活ができる人は、現代ではそう多くはありません。「仕事をしながら」ということでしたら、やはり、ある程度は食べて、運動もし、よく摂生しながら生きていくことが大事なのではないかと、私は考えています。

谷口雅春《たにぐちまさはる》氏の説く「菜食主義」には必ずしも乗り切れない

確かに、動物食については、「生き物が殺される」ということを強調し、「よくないことだ」という言い方をすることもあります。

先ほど述べた谷口雅春《たにぐちまさはる》氏は、霊言《れいげん》で、「豚《ぶた》や牛、鶏《にわとり》など、動物は殺されるときに悲しみの感情を出す。殺される前の悲しみの感情が血液中に毒素のように入る。それを食べると、その毒素が体に取り込まれるので、よくない」というようなことを言っていたと思います。

谷口雅春氏の写真は、めったに本に出ていないと思いますが、身長は百五十センチそこそこで、体重は四十キロもないことが多く、三十キロ台から四十キロ少々ぐらいのヒョロッとした方でした。おそらく、胃腸が弱かったのではないかと思います。戦争（第二次世界大戦）前後の方なので、栄養失調の時代も経験しているかと思います。

そういう方が菜食主義を言ったとしても、「必ずしも全部は乗り切れないな」という気持ちを私は持っています。

●**霊言で……**　『大川隆法霊言全集 第48巻 谷口雅春の霊言⑦』（宗教法人幸福の科学刊）参照。

そうかといって、田中角栄《たなかかくえい》さんのように、新潟《にいがた》風のすごく塩っ辛い味付けで、醤油《しょうゆ》をたくさんぶっかけて、すき焼きばかりを食べているような生活をしていたら、高血圧になったりして、脳梗塞《のうこうそく》を起こす原因にもなりやすいのです。

そのような、食生活によって、ある程度、予想される病気等については、それを避《さ》けることも大事かと思います。

3 回復期や予後《よご》において必要な考え方

病気の回復期には少しずつ体を動かし、元に戻《もど》していく

体重管理など、体の管理については、ある程度、予防的な面で考えておく必要はあると思います。どこか弱っているところがあったら、そこを少しずつ補強するのです。

特に老後においては、「足腰《あしこし》が強いかどうか」ということは、かなり大きいことです。年を取ると転びやすくなり、転ぶとよく骨折をします。それで、寝《ね》たきりになったりすると、そのあと体が元に戻《もど》らないケースが多いのです。し

ばらく動かさないでいると体が悪くなるからです。

病気や怪我《けが》をすると、絶対安静が必要な時期があるので、そのときはしかたがないとは思いますが、「回復期」に向かったら、自主的に少しずつ少しずつ体を動かして、「元に戻そう」という気持ちを強く持っていることが大事です。

医者のほうは、「安静、安静」ということばかりを言うのですが、安静だけだと、実際には、筋肉や骨など、いろいろなものが衰《おとろ》えていき、元に戻らないことがあるので、勇気を出して自分を改造し、少しでも元に戻そうとする努力が要《い》るのではないかと思います。

「減点主義で考える医者」の〝心配性《しょう》〟に注意する

医者には、全体的に、やや心配性《しょう》の気《け》があります。そういう人ばかりと言うわけではありませんが、そういう人が多いわけです。

なぜかというと、医学部に入るのはけっこう難しく、なかなか入れません。そのため、多浪《たろう》し、何浪もして予備校に通い続けている人が多いのですが、予備校の先生というものは、だいたい生徒を〝脅迫《きょうはく》〟し、「おまえ、また落ちるぞ。受からないぞ」ということばかり言うので、予備校に何年もいる生徒は、強迫神経症《しんけいしょう》のようになっているところがあるのです。

予備校は一種の〝恐怖《きょうふ》産業〟です。「落ちるぞ、落ちるぞ」と言われると頑《がん》張《ば》らざるをえないので、夜も寝ないで勉強するのですが、「減点主義」になって、ミスをすごく怖《こわ》がる傾向《けいこう》が出ます。

「そういう面が、医者には、ある程度のパーセンテージで、〝遺伝子〟的に入っているのではないかな」という気がします。悪いところばかりが気になり、物事を必ず減点主義で考えるようになるのです。

そのほうが医者としては優秀《ゆうしゅう》なのかもしれませんし、あまりにも光明《こうみょう》思想的で、「放っておけば治りますよ」という感じの医者には信用できない面が多少あるので、一概《いちがい》には言えません。しかし、やや暗いところがあり、減点主義で考えすぎる傾向の強い医者に対しては、その人生観に完璧《かんぺき》に同通しないようにすることが大事なのではないかと思います。

そうしないと、暗示にかかりやすくなります。

また、医者には、「治る確率は○○パーセントです」とか、「余命はあと○年です」とか、勉強して覚えている数字を、やたらと言いたがる気があるのですが、「占《うらな》い師ではないのですから、そういうことを、あまりにも簡単に言わないでください」と言いたいところです。

医者の言うことであっても、その全部を信じてはいけません。多少、抵抗《ていこう》する気持ちがないと本当に死んでしまうので、気をつけないといけないのです。

「神仏のお役に立ちたい」と思い、よい生活習慣をつくる

そういうマイナスの暗示をかけられるようであったら、「自分は、毎日毎日、健康になっていく。よくなっていく」という思いを持って、自分を護《まも》らないといけません。

アヒルは池で水に浮《う》かんで泳ぎますが、アヒルをたらいで泳がせ、そのたらいに洗剤《せんざい》を入れて、アヒルの体に洗剤をかけたら、とたんにアヒルは溺《おぼ》れるのです。

実は、アヒルの羽には油がついていて、この油が水を弾《はじ》いています。羽がビ

ショビショにならないよう、油で水をはね返し、水に浮いているわけです。

そのため、洗濯《せんたく》用の洗剤を入れられたら、たちまちアヒルは溺れ始めます。

あっという間に溺れ、沈《しず》んで死にます。

人間にとって、水を弾いて、なかに染み込《こ》ませないようにする油の部分に当たるものは、「神様、仏様のお役に立ちたいので、自分を少しでもよくしたい」という気持ちでしょう。

そういう気持ちを持ち続け、自分なりにコツコツと、体に関しても努力し、精神的な面でも努力していくことで、アヒルが沈まないための〝油〟の部分、〝水を弾く〟部分ができてくると思うのです。

そのように、「信仰《しんこう》レベルでの生活習慣」をつくることが大事だと思います。

病気が治らない場合にも、「神仏の計《はか》らい」を感じ取る

宗教で病気が治る場合もありますが、確率論的に言えば、それが百パーセントということは絶対にありえず、治らない例もたくさんあります。

幸福の科学の精舎《しょうじゃ》などで、病気治しの経文《きょうもん》を読んだりして祈願をしても、やはり治らないこともあります。その際、導師《どうし》たちは、治らないことであまりにもしょげすぎて、自信がなくなってくると、そのあと本当に効き目がなくなってきます。

また、病気治しを受けようと思っている人も、「祈願したけれども、結局、亡《な》くなってしまった人」のことを、あまりにも強く思いすぎると、そのあとの祈願が効かなくなることがあります。

●精舎　幸福の科学の大型の参拝・研修施設。栃木県の宇都宮《うつのみや》、日光《にっこう》、那須《なす》にある総本山・四精舎を中心に、都市部や景勝地など全国各地に建立《こんりゅう》されている。ハワイ、ブラジル、オーストラリアなどの海外にも展開しており、毎年、数多くの研修参加者が人生を好転させている。

したがって、最後には、「『神仏のお計《はか》らいだ』と思って、やるべきことをやっていく」ということが大事なのではないかと思います。

病気を契機《けいき》にして、自分の人生を見つめ直してみる

病気のよいところを、あまり言ってはいけないのですが、先ほど述べたように、病気は、自分の人生を見つめ直す、非常によい機会ではあります。「過去における自分の人生は、どうであったか」ということを見つめ直してみる機会ではあると思うのです。

四十代ぐらいで病気をする人は、たいていの場合、過労が原因です。無理をしているわけです。

「学生時代あたりに運動をして、かなり体に自信があるような人が、その後、

二十年ぐらい体の手入れをせず、夜、付き合いで酒を飲み、オーバーカロリーで生活し、睡眠《すいみん》時間を削《けず》っているうちに、四十代ぐらいで病気をする」というのは、けっこう普通《ふつう》のパターンです。

あるいは、定年退職後、一気に老《ふ》け込み、体が弱ってしまい、使いものにならなくなるケースもあります。

そうならないようにするためには、十分に、客観的に自分を見ておくことも大事だと思いますし、病気をすることで、「自分の生活習慣」と「考え方の習慣」、「仕事の習慣」等を、一回、チェックする必要があると思うのです。

過労の原因は、たいてい、働きすぎ、長時間労働です。

「自分は酒に強いのだ」と豪語《ごうご》しているような人や、「タバコを一日に四十本吸っても平気だ」と言っているような人、「もう三日も徹夜《てつや》だ」ということを自慢《じまん》しているような人だと、どこかでポキッときます。これは因果応報《いんがおうほう》なので、しかたがないと思います。

こういう人には、ほかの人の意見をあまり聴《き》かないタイプが多いと思うので、このあたりの自己コントロールは大事です。

結婚《けっこん》し、よい奥《おく》さんをもらっている場合には、そのアドバイス等をよく聴くべきです。自分のことを思ってくれている人のアドバイス等は、よく聴いておいたほうがよろしいかと思います。

4 病気に対する「霊的《れいてき》なもの」の影響《えいきょう》

「生霊《いきりょう》」が来て病気の原因となることもある

体が強すぎる人は、全部を自分の考え一つでできるような気になり、強引《ごういん》になってしまい、〝天狗《てんぐ》パターン〟に陥《おちい》りやすいことがあります。

仕事において、「できない人を切り捨てれば、それで済む」というように考え、悪い意味での〝唯我独尊《ゆいがどくそん》〟系で、出世はしていくけれども、多くの人たちからは嫌《きら》われていたり、恨《うら》みの念波《ねんぱ》などを受けたりしている人もいます。

平安時代には、「死んだ人が祟《たた》る」ということがよく言われていましたし、

「生霊《いきりょう》が来る」ということもよく言われていました。現代では、そういうことを信じる人はほとんどいないと思うのですが、実際にはあります。

私は、最初のころには、亡《な》くなった人の霊《れい》で、こちらに災《わざわ》いが降《ふ》りかかってくるものを成仏《じょうぶつ》させたりすることもやっていましたが、だいたい教団（幸福の科学）ができて、そういうものがあまり来なくなると、生霊や、生きている人の念波のほうが、けっこう来るようになりました。

いろいろと不平不満や愚痴《ぐち》、怒《いか》りを持っている人たちは、その〝念波〟を発信しているので、それが生霊のかたちでやってくるのです。

実際には守護霊《しゅごれい》と思《おぼ》しきものを送ってくるのですが、それに本人のいろいろな想念が乗っかってくるわけです。

そういうものを受け続けると、やはり病気にはなりやすくなるので、平安時代の人たちが言っていることは、あながち間違《まちが》っているとは言えないのです。離《はな》れていても、その人の顔がありありと視《み》える感じで、いつも来るようなことがあるので、生霊・生き念対策も大事です。

そのためには、あまり強く恨まれすぎないように気をつけたほうがよいし、人間関係で改善しなくてはいけないことがあったら、多少調整できるものは調整したほうがよいのです。

実際に顔も合わせたくないぐらいの関係だと、それは無理でしょうが、反省すべきところがあったら反省し、心のなかでもよいので、相手を祝福する気持ちのようなものを出すことによって、生霊による病気をはね返すことができます。

要するに、生霊から、病念《びょうねん》、一種の呪《のろ》いのようなものが来て、体の具合が悪くなることがあるわけです。

例えば、「三角関係的なものがあると、女性の場合、体のなかで婦人科系のところに病気が生じることがよくある」と昔から言われていますが、これには霊的な影響《えいきょう》もあるのです。

心がデコボコしていたり、ギザギザであったりすれば、そこに〝ピッケル〟を打ち込《こ》まれ、入ってこられることもあるわけです。したがって、「いかに上手に心をピカピカに磨《みが》き上げて、そういうものの影響を受けないようにするか」ということが大事です。

憑依霊《ひょういれい》は「宗教的信条」と「光のパワー」で取り除《のぞ》ける

さらには、生き念だけではなく、その念波に近い悪霊《あくれい》作用のようなものがかかってくることもあります。

世の中に病気で死んだ人はたくさんいますが、その後も不成仏《ふじょうぶつ》のままでいることがあります。そういう霊は、家にもいれば、会社にもいますし、病院にもたくさんいます。もちろん、お墓《はか》にもいますが、どこかで縁《えん》ができて、そういう霊にヒョイッと憑《つ》かれることがあるのです。

病院に行くと、病気を治してもらえるだけではなく、そういう霊に憑かれることもあります。病院で死んだ人は大勢いますが、ほかに行く所がないと、霊としてそのまま病院にいるからです。

医者も病人も唯物論者だった場合、病院で死に、死んだあとにも〝命〟があったら、説明不能です。どういうことなのか、まったく分からないのです。医者は坊主《ぼうず》ではないので、死後の世界については説いてくれません。

ですから、そういう霊は、居場所がないので病院をウロウロしています。そして、手ごろな相手、自分と同じような病気の人が、生前、自分がいた部屋に入ってきたりすると、その人にパコッと憑いてしまうことがあるのです。

ときどき、自分ではないようなことを言ったり、人格が変化した感じになったりする人もいますが、それは「憑依《ひょうい》されている」ということです。

この仕組みは一般《いっぱん》的な「憑依の原理」そのものであり、こういう霊は、ある程度、「宗教的信条」と「光のパワー」で取り除《のぞ》くことができます。

それには、まず「真理の勉強」等が必要です。

そして、心を平らかにして、澄《す》み切った湖面のようにしながら、そうした悪想念を受けないように精神の統一を心掛《こころが》けなくてはなりませんし、病人でありながらも、愚痴や不平不満をあまり出しすぎないようにもしなくてはなりません。

それから、健康で成功している人たちに対する嫉妬《しっと》の念などがあったら、その人たちを「祝福する気持ち」を持つように努力することが大事です。

病気をすると不平不満がすごく多くなります。愚痴も多くなりますし、家族に当たったりして、怒りも強くなるのですが、自分がこの世に生まれ、生かされてきたことへの感謝をしてみるべきだと思うのです。

特に、今はもう身近にいないけれども、幼いころにお世話になった人や、成人するまでお世話になった親などに対して感謝することです。もう亡くなっている人も含《ふく》め、そういう人たちを思い出し、「感謝の念」を出すことが大事なのです。

些細《ささい》なこと、小さなことにも、喜びを感じるようにしましょう。病床《びょうしょう》にあればこそ、花瓶《かびん》の花の健気《けなげ》な美しさに気づくことがあります。そういう、普段《ふだん》は見落としがちであることを見つけてあげるようにしましょう。

お見舞《みま》いに来てくれる人などのなかに、今まで見落としていたよいところ、美質《びしつ》、美しい性格があったら、それにも感謝する気持ちを持つことが大事だと思います。

病気を苦にして自殺したら、簡単には成仏《じょうぶつ》できない

病《やまい》を契機《けいき》にして、家族関係が壊《こわ》れたりすることはよくあります。

健康なときでさえ、仕事と家庭の維持《いじ》が〝いっぱいいっぱい〟だった場合には、病人が一人出ると、かなり人手やエネルギーを吸い込まれますし、経済的にも予想外の出費が生じるので、子供の教育との板挟《いたばさ》みになっているようなと

きには非常に難しい関係になると思います。

それを乗り切っていくには、かなりの精神力も必要だと思います。

あるいは、「この病気はもう治らない」ということが見えてしまい、「一生、この病気のままか」と思い、「お金だけがかかって家族に迷惑《めいわく》をかける」と考えて、病院の窓や屋上から飛び降りて自殺してしまう人もいるのですが、そういうかたちで死ぬと、成仏《じょうぶつ》できるケースはほとんどないと言ってよいのです。

唯物的に考えて、そうする人もいますし、唯物的ではなくても、魂《たましい》の永遠性を信じているがゆえに、平気で自殺する人もいるのですが、そういうかたちの逃《に》げ方では、そう簡単には成仏できません。

そういう場合は、あの世で天国にも地獄《じごく》にも行けず、病院の辺《あた》りにとどまって地縛霊《じばくれい》になり、病人に取り憑いたりして、ほかの者を苦しめ、悪を重ねていく人も多いのです。

そうでなければ、自殺した人たちが行く地獄に行きます。地獄界には、自殺した人が、繰《く》り返し繰り返し、自殺を体験する所があるのです。その人たちは、まだ、死というものの意味が分かっていないので、「自分はまだ死んでいない」と思い、繰り返し自殺を図《はか》るのです。

こういうのは怖《こわ》いところです。

悪霊《あくれい》の憑依《ひょうい》は「波長同通《はちょうどうつう》の法則」によって起こる

自殺霊がいる場所では、似たようなケースが次々と起きることがあります。自殺がよく起きる家もあれば、そういう学校もあります。リストカットが常習化している人には、悪霊《あくれい》の憑依《ひょうい》があると推定されるので、だいたい悪霊が家族のなかに入ってきていると思います。

いちばん疑うべきなのは、家族や親類縁者で亡くなった人です。そのなかで、不成仏と思われる者がいないかどうか、まずはそれを考えるべきでしょうが、家族や親類ではなくても、「波長同通《はちょうどうつう》の法則」があるので、心の思いが同通していたら取り憑けるのです。

これはテレビのチャンネルと同じです。チャンネルを合わせると、その周波数の映像がきちんと映るのです。

また、今だとＤＶＤでしょうが、以前、「呪いのビデオ」を観《み》ると、幽霊《ゆうれい》が部屋のなかに現れてくるという映画がありました。あれは映画のなかでの話ですが、霊的に見れば、そのようなことは現実にありうるわけです。

ビデオでもＤＶＤでもよいですし、携帯《けいたい》電話など、電波的なものでも構いませんが、縁があれば、霊的にはフッと来られます。こちらと波長が同通した場合には現れることができるのです。

私の場合、新聞でもそれが起こります。そのため、一面などで死亡記事が出ていると〝危険〟で、写真を見て、「来るかな」と思ったら、だいたい数秒後か十秒後ぐらいには、その人の霊が来ていることは多いのです。

私が写真を見ても来ない人もいます。来ない人については、縁が遠いか、その人が、まだ、自分が死んだことをよく分かっていないか、そのようなことだろうと思うのですが、来る人は来ます。

昔は、それをすごく嫌《いや》がっていたので、秘書のなかでいちばん早出《はやで》の人は、朝刊の死亡記事の写真に白い紙を貼《は》って写真を隠《かく》すのが仕事だったこともあります。朝の五時台に起き、五時台や六時台で新聞に紙を貼り、写真が見えないようにしてから、私に新聞を上げてくる仕事をしている人もいましたが、最近は、手抜《てぬ》きをしているのか、あまりしなくなっているようです。

死んだ人が有名な方の場合には、当会の霊言《れいげん》に協力してくれることもあります。こちらが望んでもいないのに、向こうのほうから出てきて、霊言をしてくれる場合もあるのですが、「しかたがないかな」と思います。〝有名税〟もあって、死んだ人が復活するというか、霊として出てくるところを見せることで、多くの人の啓蒙《けいもう》になるのであれば、お役に立たなくてはいけないと思うこともあって、霊言をやっています。

「真理の言葉『正心法語《しょうしんほうご》』」のCDをかけると、悪霊《あくれい》は離《はな》れる

そういう意味では、先ほどお話しした、「アヒルの羽に油があって、それで

水を弾《はじ》いている」というのと同じようなことが言えます。「呪いのビデオ」ではありませんが、いろいろな悪いものと波長が同通すると、それに通じやすいので、そういうものとの同通を避《さ》ける工夫《くふう》は要《い》ります。

はっきりと憑依されている場合には、当会の経《きょう》文《もん》「真理の言葉『正心法語《しょうしんほうご》』」がいちばん効き目は大きいと思います。自分が読んでも、ほかの人に読んでもらってもよいですし、それを私が読み上げたＣＤも出ています。

私が読み上げているＣＤには、三十分ぐらい音声が入っていると思うのですが、今までに私が体験したかぎりでは、その音声を三十分ぐらいかけられて離《はな》

●「真理の言葉『正心法語』」　幸福の科学の根《こん》本《ぽん》経典である『仏説・正心法語』と『入会版正心法語』（共に宗教法人幸福の科学刊）に収められている経文。

れない悪霊《あくれい》はめったにいないので、それでかなり離れるだろうと思います。

根本的解決のためには「明るい心を持つこと」が大事

ただ、本人自身の心が磁石のようになって、悪霊を呼び寄せている場合には、いったん離れても、何度も何度も戻ってくるので、根本的解決にはならないことがあります。

やはり、心が呼び込んで悪霊が来ている場合には、それを呼び込まないように、教学をしたり反省をしたり、祈《いの》りをしたりして、悪霊と波長が合わないように、本人の波長をずらしていくことが大事だと思います。

その意味では、勉強しながら、やや光明《こうみょう》思想的に、「明るい方向を見ていこう」という心を持つことが大事です。

病人が明るい心を持つことは、かなり難しいのです。やはり、悪いほうを必ず見てしまうので、少しでも、よい面を見ていこうと努力する修行《しゅぎょう》をしたらよいでしょう。

それから、努力して笑顔をつくるようにすることです。

将来を悲観する言葉を、医者などから、いろいろ言われることもありますが、「例外は必ずあるものだ」と思って、「少しでもよくなるといいし、早くよくなるといいな」という気持ちを、強い信念で持ち続けていることが大事です。

また、そういう考え方を持つ人が身近にいれば、本当に助けになるので、それはありがたいことなのです。

唯物論《ゆいぶつろん》波動《はどう》の強い病院では奇跡《きせき》が起きにくい

病院は、奇跡《きせき》が起きにくい所です。周りがかなり〝唯物論《ゆいぶつろん》〟波動《はどう》であり、「祈りなど、サイキックパワーのようなもので治ってたまるか」という念波で満ち満ちているので、病院のなかでは、極《きわ》めて、奇跡によって病気を治しにくいことが多いのです。

なかには、真理を分かっていて、奇跡などを許容するような心を持っている医者も、いることはいるのですが、これは人によります。

普通の大学の医学部で勉強した知識だけでやっているような人の多くは、技術的にしか考えていません。肉体の病気の治療《ちりょう》を、車の修繕《しゅうぜん》と同じように考え、「壊れたら部品を取り替《か》えるか何かするぐらいしか、方法がない」と思っている人がほとんどなのです。

そういう念波が強いと、奇跡は極めて起きにくいわけです。

ただし、医者のなかにも、人格者のような感じの人はいて、やや心に余裕《よゆう》のある方は、患者《かんじゃ》各人の違いを見分けたりすることがあるので、そういう医者であれば、単に確率論だけで言わずに、「この人は、かなり精神力が強い人だから、治るかもしれない」などと言ったりします。

もう少し、ある種の徳のようなものを持っている人だと、「予想外に病状が好転していくことがありうる」というようなことを認める場合もあります。そういう医者に恵《めぐ》まれれば、ありがたいことかと思います。

5 「体と心の傾向性《けいこう》」は病気の原因にもなる

「極端《きょくたん》な傾向」がある人は、その部分を直す努力をせよ

人生のどこかの段階で病気をすることは多いのですが、小さいころからずっと積み上げてきた、「体と心の思いの傾向性《けいこう》」で病気ができていることがあるので、やはり、十分に予防していただきたいと思います。

病気をしたあと、退院後のリハビリや新たな将来設計のときにも、同じことが言えると思うのですが、極端《きょくたん》な傾向が自分にある場合には、やはり、その部分を直していき、健康生活に入れるように努力したほうがよいと思うのです。

誘惑《ゆうわく》に弱くて、どうしてもやってしまっていたようなもの、例えば、「お酒をこれだけ飲まないと、たまらない」と思っていた飲酒癖《へき》を少し抑《おさ》えるとか、毎日タバコを何十本も吸う喫煙癖《きつえん》を少し抑えるとか、そういうこともあると思います。

また、あまりにも疲労《ひろう》が出すぎるような仕事をしている場合、特に、能力の高い人には、何でもかんでも自分で背負い込《こ》んでしまう傾向があるので、ほかの人の力を借りることが大事です。素直《すなお》にほかの人の力を借りる方法を、やはり考えてみるべきだと思うのです。

経営学においても、「経営は、基本的には、自分一人の力ではなく、ほかの人の力を借り、ほかの人たちの力を通して成果を実現していく方法なのだ」と言われています。

これは、言うのは簡単ですが、行うのは難しいのです。特に、零細企業《れいさいきぎょう》や中小企業を自分で立ち上げている社長がたの場合、「自分がやらないかぎり、できない」ということが多いので、そう簡単には、ほかの人を信用できません。そこで、自分で全部をやろうとします。そのため、どこかで〝無理が来る〟のです。

会社の規模で無理が来ることもあれば、借金などで苦しいときや、景気が逆風になって厳しいときもあります。あるいは、家庭で騒動《そうどう》が起きることもあります。いろいろなことで無理が来るときがあるので、そういうときには、経営の本道《ほんどう》に戻《もど》って、「ほかの人に任せられるところは本当にないのかどうか。自分が我《が》を張っているだけなのではないか。あるいは、仕事の仕方をうまく説明できず、ほかの人に渡《わた》せないだけなのではないか」ということを、よく考えてみなくてはなりません。

自分の仕事のやり方を固め、他の人に仕事を下ろしていく

ほかの人に仕事を任せられない人の場合、おそらく、直感的にやっている仕事が多いと思うのです。そのため、ほかの人に教えられないのです。

特に職人肌《はだ》の人はそうです。ほかの人に教えられないので、「こういう技術とかは、盗《ぬす》め」などとよく言います。「包丁《ほうちょう》さばきは教えられん。盗め」とか、「この出汁《だし》の出し方やスープのつくり方、こんなものは教えられないから、盗め」とか、そのように言うことは、いまだに流行《はや》っています。

例えば、帝国《ていこく》ホテル系あたりのシェフが書いたものを見ると、「先輩《せんぱい》は、究極の出汁など、味に関することは全然教えてくれないので、料理が終わった

あと、洗い物をさせられる前に、残っている出汁やスープなどを舐《な》めてみて、『うーん。この味は、どういう配合にしたら出るのか』ということを、自分で夜や暇《ひま》なときに研究したりしていた」というようなことが書いてありました。

そのように、「盗め」と言うこともよくあります。

そのように、ほかの人の仕事ぶりがすごく劣《おと》って見え、「自分の仕事は、ほかの人にはできない」と思う気質は、優《すぐ》れた人のなかにも多く見られるのですが、それでも、「ある程度、努力して、自分の仕事の負担を減らさないと、会社自体が大きくはならず、組織としての発展がないのだ」ということを知っておいたほうがよいのです。

そういう人は、訳《わけ》の分からないこと、何をしているか自分でもよく分からないことを、一生懸命《いっしょうけんめい》やっているわけですが、どこかで時間を取り、自分のやっている仕事のやり方を固めなくてはなりません。

「だいたい、手順としてはこのようにやっていて、こういう判断をしているのだ」ということを整理してみることが必要です。最初は簡単なもので構いません。メモでも紙切れ一枚でもよいので、手順など、やり方のようなものを、少しずつ整理してみるのです。これは自分自身にとっても頭の整理になります。

要するに、「ほかの人に教えられない」ということで、厳しく当たり、結局、自分で無理をしすぎて、倒《たお》れたりすることも多いのです。

しかし、成長していきたかったら、ほかの人でできることは、なるべく、やり方を固めて、ほかの人に仕事を下ろさなくてはなりません。そして、自分の仕事のなかに〝空白の部分〟をできるだけつくり、その〝空白の部分〟を使って先に進み、新しい仕事に取り掛《か》かるのです。

そのようなかたちにしていくと、全体的には前進します。

「仕事を抱《かか》え込《こ》む」のは役人の〝基本姿勢〟

「自分の仕事を取られてはいけないので、その仕事をずうっと抱《かか》え、ほかの人には仕事のやり方が分からないようにする」、これは役人の〝基本姿勢〟なのです。役人の仕事の基本は、これです。

私が大学の政治学の授業で、最初のころに習ったのもそれです。

「君たちのなかで役人になる人は多いと思うけれども、役人は、自分がいなくなったら困るようにしておかないと駄目《だめ》なのだ。『自分がいなくても、ほかの人が代われる』というのは、本当に極《きわ》めて危険なことだ。

自分が休むと、ほかの人が困って、『これをどうしたらよいのだ？　分からない』というようなかたちにしておくと、重要感が出てそこに存在でき、長くいられて、出世するけれども、『自分がいなくても、ほかの人がいくらでも代わりができる』ということだったら、出世しないよ」

そのようなことを、政治学の授業の初めのほうで習いましたが、本当は、これは経営学に反する考え方なのです。

（役所などでは）簡単に代われてしまうと、病院に入ったりしたとき、「入院したのですか。まあ、ゆっくり療養《りょうよう》してください、一年でも三年でも。あなたの仕事は誰《だれ》にでもできますから」などと言われることになるので、けっこう〝危険な〟状態なのです。

そのため、誰にでもできるわけではないようにし、仕事の仕組みを難しくしていく傾向があります。「自分でないと分からない部分を残しておくようにして、権限を取る」ということが多いのです。要するに、これは料理人でも同じですが、「秘伝」の部分を隠《かく》しておくことが必ずあるのです。

そのようなことがよく言われるのですが、経営学的に発展しようと思えば、「もうすでに決まっているもの、あまり新しみがないようなものについては、やり方を固め、人に譲《ゆず》り、下ろしていく」というかたちで行かなくてはなりません。そうしないと発展はしないのです。

役所という組織は、基本的に、売上が増えるような組織ではありません。人は増えますが、売上が増えるような組織ではないので、民間であれば、そのあたりについては、よく考えないといけないと思います。

私もそうです。自分が今までやっていた仕事のうち、下ろせるものは下ろしていこうとしていますし、簡略化できるものは簡略化していこうと努力しています。ただ、それでも、次から次へと仕事が出てくるので、それほど簡単ではありません。

病気を防ぐためには、やはり、人の手を借りないと無理なところはあります。ときどきは、意見を言ってくれたり、ブレーキを踏《ふ》んでくれたりする人の意見も尊重しなければいけませんし、自我を小さくしなくてはいけない部分もあります。そういうことを知っておいたほうがよいと思います。

6 この「ミラクルパワー」で病《やまい》を乗り切ろう

「祈《いの》り」には病気の治癒《ちゆ》率を高める効果がある

「自分自身で反省をしたり、教学をしたりして心境を変える」、そのような努力についても言いましたけれども、「祈《いの》り」にも力があります。

祈りは、それほど日本人には向いていないかもしれませんが、海外ではよく行われていますし、海外の研究では、祈りには一定の効果があること自体が認められているのです。

「ある病気の患者《かんじゃ》について、誰《だれ》も祈らなかった場合と、教会の仲間たちに祈ってもらった場合とで、経過が違《ちが》うかどうか」というようなことを調べたものもあります。

私が読んだものには、祈りの効果として、そう極端《きょくたん》に大きくはありませんが、「五パーセントぐらい治癒《ちゆ》率が高くなる」というような結果が出ていました。

データを取ってみると、ある程度、そういうことが言えるらしく、大勢で祈っていて、本人も祈られていることを知っていると、何パーセントかは、やはり治癒率が高くなるのです。

ほかの人に必要とされていて、「あなたに元気になってもらいたいのだ」という気持ちが伝わってくると、やはり健康になりやすいわけです。あるいは、自分自身のなかに、悪《あく》想念や、それによって引き寄せているものがあったら、そういうものを取り除《のぞ》きやすくなります。

そういう意味で、祈りも効くことはあるのです。

もちろん、スーパーナチュラル（超《ちょう》自然的）なこと、奇跡《きせき》のようなことは、そう数多く起きるものではないと思います。

『聖書《せいしょ》』には、イエスの起こした奇跡が幾《いく》つか書かれています。

例えば、生まれつき目の見えなかった人に、泥《どろ》をつばきで丸めて塗《ぬ》ったら、見えるようになりました。あるいは、死後四日もたち、布を巻いて洞穴《ほらあな》に葬《ほうむ》られているラザロに対し、「ラザロは死せるにあらず。眠《ねむ》れるなり」ということで、「出てきなさい」と言ったら、布を巻いた格好でラザロが出てきました。腐臭《ふしゅう》を放っているはずの死体が生き返ったなら、これは〝ゾンビ〟なので、かなり怖《こわ》い話です。

〝ゾンビ伝説〟の歴史は、キリスト教系ではかなり長く、〝ゾンビ〟や〝ドラキュラ〟系の話はそうとう多いので、たまに、あることはあるのかもしれませんが、「その話が、わざわざ取り上げられて、二千年も遺《のこ》っている」というのは、やはり、珍《めずら》しいケースだからであることは事実でしょう。ただ、そういうことは実際にあると思います。

科学者の目の前で起きた「ルルドの奇跡《きせき》」

それから、『聖書』には「ハンセン病が治った」という話もあります。その後も、そういう奇跡《きせき》のようなものはたくさん起きていますが、パーセンテージ的には少ないと言えます。

例えば、「ルルドの奇跡」と言われるものもあります。これは、「南フランスのルルドの泉に巡礼《じゅんれい》をしたら病気が治る」というものです。そこには、毎年、百万人近くは巡礼していると思います。

しかし、ルルドへの巡礼が始まってから、もう百年以上になりますが、バチカンが公式に認定したルルドでの奇跡は、百件を超《こ》えないぐらいの数です。

巡礼者の数に比べ、正式に認められた奇跡の数はかなり少なく、確率論的に言ったら、これは、ものすごく低い確率です。このくらいの確率であれば、「病院で意外にも治ってしまった」ということと、そう大きく変わらないかもしれないのです。

ただ、それでも、「信じる心」が病気を治すことはあります。

アレキシス・カレルという、後《のち》にノーベル生理学・医学賞を取った方は、ルルドに随行《ずいこう》医師として巡礼に行き、目の前で、「体が動かないような人が、泉に浸《つ》かったあと、数時間で治り、車椅子《くるまいす》も杖《つえ》も要《い》らなくなった」というようなことを目撃《もくげき》しました。そういう事例があります。

この方が嘘《うそ》をついているとは思えないので、そういう奇跡が起きる場合もあるわけですが、これには、「この方を通じて、そういう奇跡を人々に伝えたい」という、天上界《てんじょうかい》の霊人《れいじん》の気持ちが働いているのだろうと思います。そのため、天上界の霊人が、「奇跡を起こそう」として、それをやっているのだろうと思うのです。

そういう奇跡が一定の頻度《ひんど》で起きないと、人々から信仰心《しんこうしん》が失われていくことがあるので、奇跡が起きることもあるわけです。

本人自身に関連して奇跡が起きる場合と、その周りにいる人のなかに、その奇跡を人々に伝え、それで多くの人を導くような人がいるため、奇跡が起きる場合とがあるのです。

幸福の科学が大きくなると、ミラクルパワーが増進してくる

幸福の科学でも、支部や精舎《しょうじゃ》で、いろいろな難病が治る奇跡が数多く起きています。宗教のなかで起きているため、世間《せけん》は何も関心を持ってはいませんが、それが病院のなかで起きたら、実は大変なことになるだろうと思います。

「え？　まさか」と思うようなことが起きているのです。

例えば、私が支部巡錫《じゅんしゃく》に行き、人々が座《すわ》っている間を通り抜《ぬ》けただけで、それまで松葉杖を必要としていたのに、それが要らなくなったという人も出てきています。

そんな話は、医者が聞いたら、頭が〝狂《くる》いそう〟になるような話でしょう。

キリスト教的に言えば、「按手《あんしゅ》」といって、手で〝なでなで〟をし、さすっ

てやったりすると、よくなることはあるのですが、そういうこともせずに、近くを私が通っただけで治ったという人もいるのです。

また、幸福の科学製作の映画を観《み》て治った人もいますし、最近では、当会のチラシを受け取っただけで治ったような人も出てきています。

教団が大きくなると、だんだんパワーが増してきて、多くの人たちのミラクルパワーが増進してくるので、そういうことで治るケースは増えてくるでしょう。これからも、当教団が大きくなっていくことで、いろいろなところで、要所要所で奇跡は起きるだろうと思います（注。本書の巻末に、幸福の科学信者の病気治癒の奇跡の一部を掲載《けいさい》）。

私がみなさんにお願いしたいのは、次のようなことです。

自分で「反省」や「瞑想《めいそう》」、「祈り」などをできるのであれば、行《おこな》ったらよいし、日ごろ、「感謝の思い」とか、「報恩《ほうおん》の思い」とか、出さなくてはいけないものを出さず、積み残しているのであれば、それを出すようにしたらよいのです。

そもそも、この世に生まれてきたこと、今まで人生があったこと、多くの人のおかげで、今、自分がまだ生かされていること、これらについて、「ありがたいことだ」と思い、それに感謝する気持ちがあれば、天上界からの光が近づけるようになるのではないかと思います。

ときどきは病気についての話も必要なので、今回は、「病《やまい》を乗り切るミラクルパワー」という題で、概論《がいろん》として簡単な話をしてみました。

第2章

病気に関するQ＆A

Q1 身内の介護《かいご》問題を乗り越《こ》えるには

質問者Ａ　現代では、「病気や認知症《にんちしょう》などの家族を介護《かいご》しなくてはいけない」というケースが増えてきています。

そのため、「仕事を辞《や》めなければならない」とか、「しかたがなく、家族を施設《しせつ》に預けて、その対応をしなければいけない」などといったことが増え、家族関係や親族関係に難しい問題が生じているケースも多いように思います。

身内の介護の問題を乗り切る方法に関して、教えていただければ幸いです。

平均寿命《じゅみょう》が延び、長期の介護《かいご》が必要になってきた

大川隆法　これは、ある意味で、予想できていなかった部分ではあります。医学にお金をかけ、ずいぶん投資をし、優秀《ゆうしゅう》な人を投入して勉強させた結果、人間の寿命《じゅみょう》が延びていることは事実です。

昔は、「人生五十年」と言われた時代が長く続いていたのですが、今、日本では、平均寿命が八十歳《さい》から九十歳近い年齢《ねんれい》まで来ています。そうすると、長期の介護《かいご》も必要になってきます。

五十歳ぐらいまでに亡《な》くなるのだったら、介護が必要になっても、だいたい短い期間で済みますし、事故か何かでもなければ、たいてい、そういうものは必要がないわけです。

平均寿命が延びたことを見れば、「医学自体が効いていないことはない」と言えます。ただ、医学だけによる結果ではないかもしれません。医学以外にも、食糧《しょくりょう》事情がよくなっていることや、経済的に豊かになったことなども効いているだろうとは思います。

「食糧事情や経済事情がよくなったこと」と、「医学の進展」と、両方が相まって寿命が延びたわけですが、一方では、「介護などで大変なことが生じてくる」ということを、あまり予想できていませんでした。そういうことが大きいかと思うのです。

つまり、医学で寿命を延ばすことばかりを考えていて、「介護の部分や、それに伴《ともな》う経済的負担のところをどうするか」ということについては、国家戦略として考えておらず、家族も考えていなかったのです。そういうことがあります。

国や地方が老後の面倒《めんどう》を見ることには、限界が来つつある

「不老長寿《ふろうちょうじゅ》」のようなことは、確かに、中国の昔の話でも、「幸福のもと」のように言われてはいました。「年を取らず、長寿であるのは、よいことだ」と言われていたのです。

ところが、今は、介護の必要が生じたら、その部分を担《にな》わなくてはいけないため、若い働き手が家族のなかから奪《うば》われたりします。奥《おく》さんは、介護をしていれば、ほかの仕事ができなくなりますし、子供が仕事を辞めて手伝わなくてはいけないこともあるわけです。

外部の人に介護を頼《たの》むとしたら、経済的にかなり高い出費が生じるので、自

分の収入よりも、介護のために払《はら》うお金のほうが多くなってきたら、それができなくなります。

それで、勢い、国家や地方公共団体等に対して、「面倒《めんどう》を見ろ」という言い方をするのですが、国や地方の財政は赤字であり、今、もう限界が来つつあることは事実です。

そういう意味での〝システム異常〟が起きています。

生物学的には、人間自体は、うまくいけば百二十歳ぐらいまで生きられるようになっているらしいのですが、その前に病気をしたりして死ぬのが普通《ふつう》です。それを、長生きすることが「幸福の条件だ」と思いつつ、不老長寿型を目指していたところ、介護を必要とするようになって、別の「闇《やみ》の部分」ができてきているのです。

「介護《かいご》を受けている人の自殺」が増える恐《おそ》れもある

これから気をつけなければいけないのは、「昔の〝姥捨《うばす》て山〟型の老人遺棄《いき》や虐待《ぎゃくたい》などが起きてくる」ということです。

また、おそらくは、「介護《かいご》を受けている人の自殺が増えてきやすい」と言えます。

そういう自殺の場合、本人の心情を考えると、悪いことばかりを考えて自殺しているわけではないでしょう。「家族に負担がかかりすぎるし、経済的にも無理だ」というような理由で自殺する老人が増えていると聞いています。

認知症になって、十年以上、寝《ね》たきりになったりすると、家族の負担も限界になるので、そのへんは難しいとは思います。

そういう意味では、平均寿命が延びたことによって、何かを得たけれども、反対に、得たものの「代償《だいしょう》」の部分が出てきたわけです。

これについては、まず、そういうものが現象として出てきて問題化し、多くの人たちが「何とかしよう」と考え始めると、方法が出てくるものもあるのです。

健康で長生きした本多静六《ほんだせいろく》に見る「独立自尊」の精神

そういうことで、本来ならとっくに死んでいる人たちが、今では長生きしている面も、あることはあります。

したがって、単に「長生き」だけを願うのではなく、「健康で長生きする」ところまで願わなければいけません。「ピンピンコロリ」(元気でピンピンしている人が、ある日突然《とつぜん》、苦しむことなくコロリと亡くなること）ではありませんが、かくしゃくとして長生きできることを願うのです。

私は、昔、本多静六《ほんだせいろく》の本を愛読しましたが、この方は超人《ちょうじん》的な働きをなされた方です。主に戦前を生きた人であるにもかかわらず、洋行を十九回もし、三百七十冊余りの本を書いています。

若いころから、毎日毎日、一日に一ページ分、後《のち》には三ページ分の原稿《げんこう》を書くことを習慣づけていたら、いつの間にか、三百七十冊もの本が書けていたのです。

晩年には、伊豆《いず》半島の伊東《いとう》に籠《こ》もり、自給自足のような生活をしましたが、その前には林業等をやっていましたし、土地や株で儲《もう》け、長者番付《ちょうじゃばんづけ》に名前が載《の》るほど、お金を儲けました。

●本多静六（1866～1952）　明治から昭和時代の林学博士。東京山林学校（現・東大農学部）卒業後、ドイツへ留学。帰国後、東京帝国大学教授となる。日比谷公園、明治神宮の森をはじめとした多くの公園や庭園等の設計を行った。『人間にとって幸福とは何か―本多静六博士 スピリチュアル講義―』（幸福の科学出版刊）参照。

伊東では仙人《せんにん》のような生活に入りましたが、最後まで頭は衰《おとろ》えず、八十五歳で亡くなるまで、自分の人生についての本まで書いています。

この方は、年を取ってからも、毎日、晩ご飯《はん》のあと、腹ごなしに八キロほど歩いたりしていました。そして、自分の名前や住所などと共に、「自分に何かあったときには自宅に連絡《れんらく》等をしてもらいたい。かかった費用は負担する」というようなことまで記《しる》した手帳を持ち歩いていたのです。

毎日、夜に八キロほど歩くのですから、超人です。明るい昼間であっても、なかなかできることではありません。

このような方が、まだ本を書いている現役《げんえき》の時代に、コロッと亡くなっているので、うらやましいかぎりです。

そういう意味では、「ある程度、心掛《こころが》けの部分もあるのではないか」と私は思っています。

つまり、老後の面倒を見てもらう側としては、体を鍛《きた》え、頭を鍛え、食生活等についての研究も怠《おこた》らず、なるべく「独立自尊」の気持ちを持ち、「自分のことを自分でやれるようにしていこう」という気持ちを、十年、二十年と持ち続けていくと、次第《しだい》しだいに、そのようになっていくだろうと思います。

本人の側としては、そういうことに気をつけることが大事です。

〝愛不足症《あいふそくしょう》〟で寝《ね》たきりになる場合もある

一方、周りの側として気をつけなくてはいけないのは、次のようなことです。

寝《ね》たきりになったりして、ずいぶん手間のかかるタイプになる人の場合、愛情を欲《ほっ》して、そうなることもあります。これは、心理学的に見てもそうなのです。

「自分の面倒を見てほしい」と思い、周りの人たちの愛が欲しくて欲しくて、手がかかるようになる人がいるのです。これは〝愛不足症《あいふそくしょう》〟です。要するに、〝ミネラル〟のようなものが不足しているということです。

老後等にそのようになっている人に対しては、植物に栄養分を与《あた》えるように、いろいろと、その人にお世話になったことや、周りの人たちからの感謝の思いなどを、折に触《ふ》れて伝えてあげると、その分だけでも元気になると思います。

よき人間関係をつくり、相互《そうご》に助け合おう

そして、最後には、人間としての相互《そうご》の助け合いの部分が残るのではないかと思うので、若いうちから、よき人間関係をつくっていく努力をしておくこと

が大事でしょう。

ずっと疎遠《そえん》であった家族が、誰《だれ》かが病気になっただけで、そのあと十年、二十年と、濃厚《のうこう》で親密な関係になるのは、それほど簡単なことではありません。

したがって、徳を積みながら、周りの人との関係を良好にするよう、若いうちから戦略的に努力していったほうがよいのです。

家族や親族等のなかで、いつ、誰が病気などになり、手がかかるようになるか分からないので、そのことへの〝保険〟としては、外部のもの、国や地方公共団体等、あるいは生命保険会社等に頼《たよ》るばかりでなく、家族や一族のなかに、余力のある人をつくっておくことが大事ではないかと思います。

それは、自分の直接の子供ではないこともあるでしょう。甥《おい》や姪《めい》であることもあるだろうと思います。また、そういうものでなければ、仕事関係でも、お世話をする人など、いろいろあろうかと思います。

やはり、自分に余力があるときに、人のためになることを、よくしておくことが大事です。何かのときに、その人が頼りになることもあるでしょう。

渡部昇一《わたなべしょういち》氏は生前、「保険とか年金とか、今、いろいろと騒《さわ》ぐけれども、そんなものが何もなかった戦前であっても、別に老後に困りはしなかった」というようなことを言っていました。

戦前、老後に困らなかった理由は何かというと、「家族制度がしっかりしていた」ということです。順繰《じゅんぐ》り、順番に老人の面倒を見るようになっていたのです。

「そういうものだ」と誰もが思っているうちは、それができたのですが、核《かく》家族化が進み、さらに個人主義も進んでいくと、国や地方公共団体に「世話をしろ」という感じになって、実際に、そうなってきています。しかし、それに無理が生じたら、結局、「揺《ゆ》り返し」が来るでしょう。

そういう意味で、老人の孤独死《こどくし》や老後破産など、きつい言葉がたくさん流れていますが、多少、「時代の警鐘《けいしょう》」にはなっているのです。

「老後にどう備えるか」ということについては、誰もが考えなくてはいけません。

その意味では、家族関係で、しっかり根を張っていくことが大事ですし、家族を超《こ》えて、地域でのネットワークづくりをしたり、助け合いの心を持ったりする、一つのチャンスかと思うのです。そのように方針を少し変えるチャンスはあるのではないかと私は思います。それには、宗教も大きくかかわれるのではないでしょうか。

宗教心を高め、人と人との触《ふ》れ合いを大事にしていく

今、「六十五歳以上の人が、全体の四分の一ぐらいになってきている」とも言われていますし、さらにこれから、だんだん高齢化が進行していきます。病院は死ぬまでしか面倒を見ませんが、死んでからあとまで関係のあるものが宗教なので、宗教で人間関係をもう少し濃厚にしておくことが大事かと思います。

当会の月刊誌（月刊「幸福の科学」等の布教誌《ふきょうし》）を届けるときにも、会話をするような関係を、しっかりつくっておくことが大事だと思うのです。

万一《まんいつ》のときには、自分の身内ではない人が頼りになることもあります。「互助組織的な助け合い」のようなものが、もう少しあってもよいのではないかと思います。

今のように、国や地方公共団体が、赤字財政をしながらでも、もっているうちはまだよいのですが、高齢社会が実際に登場してくると、いずれ、もたなくはなると思うのです。

ただ、そうだからといって、「長生きをしてもらったら困るから、死んでくれ」というわけにもいきません。やはり、もう少し助け合う社会をつくる必要があるのです。各宗教とも、今、やや衰退《すいたい》傾向《けいこう》にはありますが、「宗教心」を高め、「人と人の触《ふ》れ合い」をもう少し大事にしていくことが必要なのではないかと思います。

情報には、一方的に伝達されるものが多いのですが、そういうものではなく、やはり、人と人の触れ合いのようなものを、もっと大事にする社会をつくっていかなければ、高齢社会のなかでは対応できなくなるのではないでしょうか。

そういう意味では、幸福の科学も、経営的には、なかなか難しいことではありますが、いずれは、支部のような機能をできるだけ町単位ぐらいにまで広げていって、そこにいる信者の力を合わせて、助け合えるようにしなくてはなりません。誰かの力が足りなくても、ほかの誰かの力が余っている場合には、助け合えることがあるのです。

制度だけに頼りすぎず、お互《たが》いの力を持ち寄り、力を合わせて助け合う必要があるのではないかと思うのです。

介護士《かいごし》に頼《たよ》ろうとだけするのは共産主義的な考え方に近い

「介護士《かいごし》だけを、とにかく置いておけばよいのだ」というように考えるのは、共産主義の考え方に近いのです。

共産主義は、基本的に「共働《ともばたら》き」の考え方なのです。子供を産むことは産むのですが、「子供は国家のものだ」と考えていて、「全部の子供を国家がどこかに預かるので、両親とも、それぞれ働け」というような感じなので、子供は「国家の所有物」のようなものなのです。

今の日本の考え方は、それに少し近いわけです。

しかし、親が子育てに手をかけないと、子供は、なかなか、親の面倒を見る気にはなれません。「親に迷惑《めいわく》をかけた。ずいぶんお世話になった」と思えばこそ、「親の老後の面倒を見ようか」と思うこともあるのです。

家族や親族の成功者にも「騎士道《きしどう》精神」を発揮してもらう

先ほども述べましたが、「家族や一族の全員がうまくいく」というのは、なかなか難しいことではありますが、「一人でもよいので、とにかく成功者を出す」ということを志せば、そうなるものです。

家族、あるいは、家族より少し広げて、身近な甥《おい》や姪《めい》あたりでも構いませんが、「家族や親族のなかで、一人ぐらいは成功者を必ず出そう」と声を掛け合い、「誰か一人は成功しろよ。みんなで力を合わせて応援《おうえん》するから、成功しろ。成功したら、万一のときには頼んだよ」というような感じでいたら、そういうことはできます。成功した人が一人でもいると、それが実際にできるのです。

病人や死人、ケガ人などが、いろいろと出てくるかと思いますが、成功する人も出てくるので、そのマイナス面にばかり引っ張られてはいけません。要するに、「成功する人は、とことん成功しろ」ということです。

最近、テレビを観《み》ていたら、亡命中のダライ・ラマ十四世が、アメリカでレディー・ガガと対談していました。

ダライ・ラマは、冗談《じょうだん》がうまいのかどうか知りませんが、レディー・ガガに、「あなたのような人は金儲けがうまいのだから、そういう才能がある人は、どんどんお金を儲けたらよいのだ。そして、儲けたお金を、お金がなくて困っている人たちにあげたらよいのだ」というようなことを言っていました。

これは、私が言っているような「騎士道《きしどう》精神」です。

彼は、「金儲けのうまい人は金儲けをやりなさいよ。『お金を儲けてはいけない』という、そんな考えを持つべきではない。お金を儲けて、それをどんどん使ったらよいのだ」というようなことを言っていたので、私は、「ある意味で、さばけた方だなあ」と、ずいぶん思いました。

お金儲けにも、やはり才能はあり、ある程度、できる人とできない人がいるのです。できない人は何をやっても失敗します。しかし、才能があり、儲けられる人は、儲けたらよいのです。そして、そういう人に騎士道的精神を発揮してもらうことが大事なのです。

「連帯責任」には、誰《だれ》も責任を取らない「無責任」の面もある

とにかく一番目は家族ですが、家族が駄目《だめ》なら、もう少し広げて、「親族のなかから誰か成功者を出そう」という気運を持っておくことが大事です。

しかし、それで届かなかった場合には、もう一段広げて、コミュニティー（共同体）のなかで、先ほど言った宗教的なものを核にしながら、「次は自分の番かもしれないのだから」ということで、もう一段、救い合い、助け合うのです。

それから、災害のときにも助け合わなくてはいけません。「老後に孤独になったような人たちにも、救いの手を差し伸《の》べる」という努力を多少はして、徳の〝余り〟の部分を分け与えることが大事です。

戦前には、一族のうち誰《だれ》か一人ぐらい、あるいは、お金がなくて全員は無理でも、きょうだいのなかで一人だけ大学に行き、働きながらでも大学を卒業した人がいたら、田舎《いなか》から弟や妹たちがみな転がり込《こ》んできて、食客《しょっかく》風に兄貴の世話になりながら、仕事を見つけたり、学校に通ったりするケースもありました。

このように、一族の全員に資本が行き渡《わた》らない場合には、誰かが使命感を持って立ち上がるカルチャーをつくる必要があると思います。

その意味では、戦後の民法改正のあたりから、「家族の解体」はかなり進んでいます。

しかし、(戦前の、長男が家を継《つ》ぐ家督《かとく》相続制度と違《ちが》って)「連帯責任は無責任」のような面があって、全員に責任があるように言っても、「結局は誰も責任を取らない」ということもあります。

「親子関係を均等に持つ」ということは、一つの平等性としては大事なことですが、親の面倒を見たりする子供をつくるには、それなりに手をかけて育て、お金もかけなくてはなりません。きちんと文化的に、子孫《しそん》に継承《けいしょう》できていくようにすることも、一つ大事なのではないかと私は思っています。

今後、そういう、親の面倒を子供が見ない傾向が長く続くようであれば、民法あたりも少し見直さなくてはなりません。国家に全部を押《お》しつけるのではなく、家族や親族のなかで、そのことについて考えることも大事なのではないかと思っています。

ただし、最後は「宗教の使命」としても受け止めておきたいと考えています。

いずれにしても、これには、やがて無理が来ると思います。今、マスコミに流れているものを見れば、国や地方公共団体に「面倒を見ろ」と言ったり、「新たな制度をつくれ」と言ったり、「介護上の給料を上げれば介護士の数は増えるのだから、それでやれ」と言ったりしているものがほとんどですが、それでは別のところにツケが必ず回ってくるので、それだけでは済まないのではないかと思います。

足ることを知り、「惜福《せきふく》」「分福《ぶんぷく》」「植福《しょくふく》」を心掛《こころが》ける

もう一つ、やはり、「ある程度、足ることを知る」ということも大事です。

王侯《おうこう》貴族のような生活で一生を終われる人ばかりではありません。そういう人も一部にはいますが、ある程度、足ることを知って、一定のレベルを超えたら生活の見直しをし、質素《しっそ》倹約《けんやく》等もしながら蓄《たくわ》えをつくったりして、「生活のレベルを少し下げながらでも、生きていけるようにする工夫《くふう》」も要《い》るのではないかと思います。

そういう意味では、「惜福《せきふく》」、すなわち、福を惜《お》しむ気持ちも大事です。自分の福を散らしてしまわないように、お金を貯《た》めたりしなくてはなりません。つまり、儲かったり出世したりしたときには、お金を全部使ってしまうことがないようにするのです。

それから、「分福《ぶんぷく》」、すなわち、自分が経済的に成功したり、うまくいったりしたときに、ほかの人におすそ分けをして、福を分ける気持ちも大事です。

さらには、「植福《しょくふく》」、将来のために福を植えることも大事なのです。

小説家の伯母《おば》が私に対して実践《じっせん》していた「植福《しょくふく》」

私の小学校時代などには、小説家で独身の伯母《おば》が、正月やお盆《ぼん》など、いろいろなときに、ときどき帰ってきては、五千円だとか一万円だとか、チョコチョコと小遣《こづか》いをくれました。

臨時収入はめったにないので、小遣いをくれる親戚《しんせき》は、子供にとっては、ありがたいものです。

親からは、一日に二十円など、飴《あめ》を買いに行けるぐらいの小遣いしかもらえませんでしたが、伯母が来ると千円札をもらえましたし、私がだんだん大きくなると、千円札が五千円札になったり、一万円札になったりしました。

こういうことは、「植福《しょくふく》」に当たります。将来のために、それをやっていたのです。「自分の甥がもし成功したら、万一のときには、甥がどうにかしてくれるだろう」と思っていたのでしょう。

伯母は、小説を書いたりしながら、晩年を一人で過ごしていましたが、七十歳を過ぎると、連続したアパートのような所に友達と一緒《いっしょ》に住み、「お互い、どちらかが倒《たお》れたら、相手の面倒を見ようね」という約束をしたりしていたようです。

そして、最後には、病気で徳島の病院に入院しましたが、寝ながら仰向《あおむ》けに小説を書き続けました。それを徳島新聞は美談のように言ってくれて、「最後まで死力を尽《つ》くして書いた」というようなことにしてくれてはいるのです。

確かにそういう面もありますが、私のほうが〝死力を尽くした〟面も一部にはあります。私のほうの資金が四国の親に流れ、そちらから介護の人を雇《やと》ったり、親が動けたりする余力が生まれていたことも事実なのです。

つまり、子供時代の私に五千円や一万円などの小遣いを与えてくれた伯母が、何十年か後《のち》に倒れて入院し、死ぬまでの間、しばらく闘病《とうびょう》生活を送ったときには、私のほうの資金がその支えになりましたし、〝後片付《あとかたづ》け〟の費用等も、そこから全部きちんと出ているのです。

そのような意味で、子供に小遣いをあげるのは、ちょっとしたことですけれども、そういうことを心掛《こころが》けておくのは大事なことです。

親戚であっても、あまりにも疎遠すぎると、面倒を見るのは無理です。「住所も分からず、もう、どうしているか知らない」というような関係だと、無理があります。

しかし、「惜福」「分福」「植福」の三福《さんぷく》の説を信じて人生を生きていれば、困ったときには、きちんと誰かが助けてくれることはあるのです。そのことは知っておいたほうがよいと思います。

自己本位だけで生きてはいけないのです。

［二〇一六年六月三十日　質疑応答］

Q2 ある「統合失調症《とうごうしっちょうしょう》」の青年との対話

質問者B　私は統合失調症《とうごうしっちょうしょう》という病気に罹《かか》っています。統合失調症の人に対して、「どういう祈願《きがん》や研修が必要なのか」「どうしたら快方に向かうのか」「どういう心掛《こころが》けで生きていったらよいのか」ということに関し、アドバイスをお願いします。

医者は薬で〝信者〟をつくることがある

大川隆法　病院の主治医がいるのでしょう？

質問者B　います。

大川隆法　その人は、「どの程度の悪さ」だと言っているのですか？　「かなり悪い」と言っているのですか？　それとも「軽い」と言っているのですか？

質問者B　それについては、よく分からないのです。

大川隆法　あなたは、きちんと質問をしていて、まともなので、何が統合失調症なのか、私には分かりません。その診断《しんだん》は間違《まちが》っているんじゃないですか？　あなたは「普通《ふつう》」じゃないですか。

質問者B　でも、人よりカーッとなりやすくて……。

大川隆法　そんな人はたくさんいますよ。

質問者B　いや、危ないのです。

大川隆法　カーッとするところが危ない？　ほかには？　カーッとすること以外には？

質問者B　ほかには……。周りが気になったり……。

大川隆法　それは普通です。全然、問題ない。周りが気になるのは当たり前です。

質問者Ｂ　そうですか。

大川隆法　〝空気〟が読めない「ＫＹ《ケーワイ》」の人のほうが、むしろ危なくて、周りが気になるのは、全然、問題ありません。

質問者Ｂ　いちおう薬を飲んでいるのですけど……。

大川隆法　それは、薬を出さないと患者《かんじゃ》が来ないから、医者は〝信者〟をつくるために薬を出しているのです。「薬が切れたら、いらっしゃい」ということで、病院は〝信者〟づくりができるわけです。

自分の行為《こうい》の記憶《きおく》がない場合は、魂《たましい》が遊離《ゆうり》している

大川隆法　カーッとくるときには、一瞬《いっしゅん》、自分というものがなくなったような感じになりますか。

質問者B　それはありません。

大川隆法　自分はある？

質問者B　はい。

大川隆法　自分はあって、怒《おこ》っているのが分かる？

質問者B　分かります。

大川隆法　分かるわけですね。では、そんなに大して重くはないと思います。そういうときに、自分がやっていることを忘れる人がいます。「自分が何をしていたか分からない」という人の場合は危ないのです。

いずれにしろ霊的《れいてき》な問題ではあるのですが、そういう人の場合、本人の魂《たましい》が体から遊離《ゆうり》しやすいのです。そして、遊離しているときに、ほかの霊が入ってきて、いろいろなことを言ったり、したりするので、それが問題なのです。「カッとなって人を殴《なぐ》ったけれども、本人にはその記憶《きおく》がない」ということがあります。「カッとなって火をつけてしまったけれども、本人には、全然、その記憶がない」「カッとなって人を刺《さ》してしまったけれども、その記憶がない」などという人はたくさんいるのです。

これも病気にされているのですが、実際には「霊的な問題」です。本人の魂が体から遊離しやすくなっていて、ほかの霊が瞬間的に入り、一日のうちの、ある程度の時間を、その体のなかで過ごすのです。

カッとなっても、まだ自分というものがあって、怒っている自分をはっきりと認識できるのであれば、それほどひどいレベルではありません。あまり悪く考えなくても、自然に治るレベルだと私は思います。

医者に病名を付けられると、病気のような気になるのですが、それは一種の〝催眠術《さいみんじゅつ》〟です。人は当然、怒るときもありますよ。

真理知識等で自分をしっかり持ち、悪霊《あくれい》の影響《えいきょう》から身を護《まも》る

大川隆法　暴力は振《ふ》るうの？

質問者B　「ぶっ殺してやる」と思ってしまうのです、ひどいときには。

大川隆法　殺したくなる？

質問者B　そうですね。

大川隆法　テレビや映画のレベルでは、「殺したくなる」というケースはたくさんありますがね。

質問者Ｂ　幸福の科学に入っていなかったら、私は犯罪を犯《おか》していたかもしれません。

大川隆法　なるほど。それは悪霊《あくれい》の影響《えいきょう》によるものでしょうね。悪霊が入り、自意識のほうがそれを抑《おさ》えられなくなったら、そのようになっていきます。したがって、悪霊が体に入らないように護《まも》ればよいわけです。
信仰心《しんこうしん》のところで教団ときちんとつながっていて、なるべく周りの人たちの温かい励《はげ》ましを受けながら、できるだけ自分というものをしっかり持ち、自分に〝重し〟をかけなくてはいけません。

普通は、「自我を去って無我《むが》になれ」という教えを説くのですが、あなたのような人の場合には、そうではなく、「自分というものをしっかり持つこと」のほうが大事なのです。

自分を〝空《から》の袋《ふくろ》〟にしないよう、「自分は、こう考えるのだ」「自分としては、こう考えるのが正しいと思う」というようなかたちで、中身をきっちり詰めていくことが大事です。

そして、中身を詰めるために必要なものの一つは、私が出している本などから得られる「仏法真理《ぶっぽうしんり》の知識」です。

また、もう一つ、この世的な知識や情報なども中身です。この世的に、「こういうことは、おかしい」とか、「正しい」とか、そういう見方があると思うのですが、ある程度、そういう判断がきちんとできることが大事です。霊的なものに翻弄《ほんろう》されすぎると、危なくなることがあるのです。

統合失調症《とうごうしっちょうしょう》は通常、「霊的《れいてき》な影響《えいきょう》」によるもの

大川隆法　あなたの場合、それほど心配しなくてもよいでしょう。「統合失調症《とうごうしっちょうしょう》」という病気は、医者がよく分からないので、それなりの病名を付けているだけです。通常、それは霊的《れいてき》な影響《えいきょう》によるものなのです。「霊的な影響を、どの程度、自分でコントロールできるか」が問題であり、それは人によっていろいろなのです。

幸福の科学の研修に出たりすると、霊的に敏感《びんかん》になると、霊の声が聞こえ始

めたり、体が勝手に動いたりする人がいるのですが、「そのあと、どれだけ自分をよくコントロールできるか」が大事です。

もし、悪霊がやってきている場合には、悪霊の望むことのほうへ持っていかれてしまうといけないので、逆に「自分づくり」をしっかりやらなければいけません。それから、自己啓発《けいはつ》的なもので、自分が向上していくことを確かめられるようなものを、継続《けいぞく》してやるとよいのです。

得意なものとか、好きなものとか、何かありますか。

質問者B　いや、仏法真理一筋《ひとすじ》です。

大川隆法　それはすごいですね。まあ、医者は病気だと言っているけれども、それほど問題はないでしょうし、あなたの場合は、たぶん、病気ではないでしょう。カッとせず、穏《おだ》やかになるよう、お互《たが》いに努力しましょう。

世の中には、腹の立つことはたくさんあります。それは当たり前です。カッとすることはあるけれども、それを自制する力は養成できます。それは筋肉を鍛《きた》えるのと同じなのです。

「少しずつ、よくなる」と言い聞かせ、自己暗示をかける

質問者B　薬の副作用かどうか分からないのですが、仕事では、すぐに疲《つか》れてしまうのです。

大川隆法　いや、私も仕事をしたら疲れますよ（笑）。どんな仕事ですか？

質問者B　作業所に行っているのですが、一般企業《いっぱんきぎょう》で働きたいので、「心願成就《しんがんじょうじゅ》の秘法《ひほう》」を受けたとき、それも書いておきましたが、まだできない状態で……。

大川隆法　どんな作業をやっているのですか。

質問者B　内職のような感じの軽作業です。

大川隆法　まあ、一足飛《いっそくと》びにはいかないでしょうから、少しずつ少しずつ仕事のレベルが上がっていくように願ってください。

●心願成就の秘法　幸福の科学の一部の精舎《しょうじゃ》で受けることができる特別祈願の一つ。

「毎日毎日、自分は少しずつ少しずつ仕事がよくできるようになる」ということを信じ、それを自分に言い聞かせ、自己暗示をかけてください。「毎日毎日、自分は仕事ができるようになる。毎日毎日、高度な仕事ができるようになる。必ず、よい仕事ができるようになる」と自分に言い聞かせていったらよいのです。

急に仕事ができるようにはなりませんし、重い仕事にポンと移ると、精神的に不安定になることもあります。

たぶん、霊的なものの統御《とうぎょ》の仕方の問題だろうと思うので、あなたの守護霊《しゅごれい》を叱《しか》っておきます。どうせ〝昼寝《ひるね》〟をしているのでしょう。きちんと仕事をするように言います。

あなたは何という名前ですか。

質問者B　○○○○です。

大川隆法　○○さんですね。はい。

「○○の守護霊よ。

きちんと仕事をしなさい。きちんと仕事をするように。

きちんと仕事をしなさい。仕事をしないで〝昼寝〟をしていたら、お仕置きをします。許しません！」

いちおう叱っておきました（会場笑）。

これから、「毎日毎日、少しずつ、よくなる」と思ってください。

それほど心配しなくてよいでしょう。

病院は、よいことをあまり言ってくれません。医者は、基本的に、患者の症状が悪ければ悪いほど儲《もう》かる商売です。

あなたが「自分は絶対によくなる」という信念を持っていたら、よくなります。あなたが言うような程度のことは世の中でありふれています。病院に行ったのが悪いのです。病院に行ったら、病気にされてしまいます。

それほど深刻に考えないでください。自分で治せる範囲《はんい》です。大丈夫《だいじょうぶ》です。

質問者B　ありがとうございました。

［二〇〇九年九月十三日　質疑応答］

（注。質問者は、その後、症状が改善され、幸福の科学の支部で定期的に活動を続けている）

Q3 認知症《にんちしょう》の対処法について

質問者C　最近、「認知症《にんちしょう》の若年化《じゃくねんか》」が進んできています。これの霊的《れいてき》背景と、そういう方が身内にいる場合の対処法について、お教えいただければ幸いです。

認知症は魂《たましい》ではなく肉体の傷《いた》み

大川隆法　具体的、医学的に、どういうデータがあるのか、よく分からないのですが、どのあたりからを「認知症の若年化」と言っているのでしょうか。質問のターゲットが十分に絞《しぼ》れず、また、「認知症の若年化」にどれほど医学的根拠《こんきょ》があるのか、統計的なものが分からないので言いかねるのですが、年を取った人がボケるのは、よくあることです。

それは、自動車がやがて動かなくなるのと同じようなことです。長年、走っていると傷《いた》んできます。もともとは完全なのですが、やはり、傷むものは傷むのです。

「どこから壊《こわ》れるか」ということは走り方次第《しだい》であり、「ネジが緩《ゆる》む」「車体が壊れる」「油が漏《も》れる」「ハンドルが利《き》かなくなる」など、悲しいことに、いろいろなところが傷んできます。

そして、車が傷んでいると、いかに運転がうまい人であっても、その車ではレースなどはできないのです。

人間の体も、何十年も生きていると、やはり傷んできます。魂《たましい》のほうは傷んでいなくても、体のほうが傷んでくるのは、この世的にはしかたがないことなのです。

人間だけではなく、動物や昆虫《こんちゅう》も、やはり体が傷みます。

動物も病気をしますし、犬や猫《ねこ》にも、認知症に当たるものがあるように見えます。年を取った犬や猫は、頭がボケているかのように変なことをし始めたりしますし、それ以外の病気にもいろいろと罹《かか》ります。

昆虫も同様です。カブトムシの寿命《じゅみょう》は非常に短いのですが、カブトムシの体も傷むのです。

例えば、捕《と》られるときに木の上から落ちて頭を打ったようなカブトムシは、わりと早く死にますし、何かに引っ掛《か》かって脚《あし》が一本取れたカブトムシも、死ぬのが早いのです。

この世に肉体を持っている生き物は、やはり、さまざまなことで体が傷つき、思うように生きられないものです。

年を取ると体が傷んでくるのは、仏教の説く「生《しょう》・老《ろう》・病《びょう》・死《し》」（四苦《しく》）の「老」と「病」に当たり、ある程度、しかたがないのではないかと思います。

年を取ってもボケないための三つの秘訣《ひけつ》

それでは、年を取ってもボケないための秘訣《ひけつ》は何でしょうか。

・原則は健康管理

原則は「健康管理」です。できるだけ規則正しい生活をすることが大事ですし、また、年を取ると足から弱ってくるので、できるだけ歩くことも大事です。

・新しい情報に接する

それから、情報が得られないと頭がボケるので、「新しい情報に接する」ということも大事です。

「老人ホームが風光明媚《ふうこうめいび》な所ばかりにあるのがボケの原因だ」という説もあります。そういう場所は散歩にはよいし、散歩ができる環境《かんきょう》は要《い》ると思うのですが、情報などがあまり入ってこないとボケるのです。

・気を若くする

また、「常に気を若くする」ようなことも必要です。

老人ホームにいるおばあさんであっても、化粧《けしょう》をすると若返ったりして、頭がシャンとすると言われています。やはり、生きる意欲を持たないといけないのでしょう。「ただただ枯《か》れていくだけでは済まない」ということです。

要するに、自己管理として、ある程度、健康管理や栄養管理をし、常に何かに関心を持つことで気を若くすることが、ボケを防ぐのです。

それでも、どうしても体が傷んでしまったときには、体が十分に機能しなくなるのは、ある程度、しかたがないのです。

「ペットの世話」は若返りの方法の一つ

生きがいを失うのが早ければ、その時点でボケてくることはあります。

五十歳《さい》ぐらいの人でも、会社の仕事がなくなったり、子供が早めに巣立ったりしてすることがなくなり、生きがいがなくなればボケやすいのです。

そういう人には、ペットでも飼うことを勧《すす》めます。ペットは、その意味で十分、子供の代わりになります。ペットは生き物なので、いろいろなことを考えています。ペットに話し掛けたり、世話をしたりしていると、やはり若返るのです。

わが家《や》では子供たちがウサギを一匹《ぴき》、ペットとして飼っています（二〇〇一年時点。現在は当時とは別のウサギが飼われている）。

このウサギは、人に抱《だ》かれても、おとなしくしているウサギだったのですが、夏に山へ連れていき、外で走らせたところ、やや野生化して凶暴《きょうぼう》になり、穴を掘《ほ》ったり、爪《つめ》で引っかいたり、噛《か》んだりするようになりました。

そのため、「これだと、ペットとして飼うのは、もう無理だ」と言われていたのですが、「もしかしたら、これでいけるのではないか」と考え、私が朗読した「真理の言葉『正心法語《しょうしんほうご》』」のCDをかけて、そのウサギに聞かせていたところ、二週間ほどで、穏《おだ》やかなウサギに戻《もど》りました。

爪で引っかいたり噛んだりしなくなって、一日中、ほとんど〝瞑想《めいそう》〟をして過ごしているのです（会場笑）。白いお腹《なか》を見せて、仏教者か老荘《ろうそう》（思想）系の人のように、〝瞑想〟しているウサギになり、おとなしくなりました。

「『正心法語』は、動物にも効くのだな」と思って、私は感心してしまいました。

それはともかく、生き物の場合には、餌《えさ》をやったり、フンを片付けたりしなくてはなりませんが、それをするのが嫌《いや》だったら、ロボットのペットでもよいと思います。犬や猫のロボットが出ているので、生き物が嫌な人の場合には、そちらでもよいかもしれません。

いずれにしても、何か〝刺激《しげき》〟があったほうがよいのです。

認知症は、四十代後半や五十歳ぐらいからありうると思います。何か生きがいを失うと、そこから急に老《ふ》け込《こ》み、ボケてしまうことがあります。

子供が自立して同じ家にいなくなったり、子供が病気で死んでしまったり、あるいは、事業が店じまいになってしまったりして、生きがいとしての目標をなくした場合には、そういうことがあるのです。

そういう人は、体をコントロールし、鍛練《たんれん》しながら、何か別の生きがいを見いだすことが大事です。

小学生は、同じことを繰《く》り返し学んで覚えていく

ところで、本来の意味のボケとは異なりますが、もっと若い人が〝ボケてい

る〟ように思われる場合もあります。

小さい子の場合、小学生あたりであっても、学校などで学んだことを忘れやすく、「昨日《きのう》、学んだことを、今日はもう忘れた」という人もたくさんいます。学んだことが頭に入り切らないのです。

したがって、何度でも、繰《く》り返し教えることが必要です。そうしないと、忘れたままになります。

年を取った人だけがよく忘れるのではありません。小学生も忘れやすいのです。きちんと学んだことであっても、一カ月もたつと、ほとんどの人はそれをコロッと忘れ、覚えていません。覚えている人は〝大秀才《だいしゅうさい》〟です。

一週間前や三日前、あるいは一日前に学んだことでも、やはり忘れます。新しいものを学んだら、前に学んだものを忘れるのです。

実際に、「小学生とは、そういうものだ」ということを前提として、小学校の教育は成り立っているのです。

したがって、小学校の先生は、同じことを繰り返し教えています。例えば、足し算を一年間、教え続けたり、九九《くく》を一年間、教え続けたりします。これは、よほど根気がないとできません。

一通りできるようになっても、一カ月もしたら、子供たちは簡単に忘れてしまいます。忘れないようにするためには、それを、一年間、ときには、二年、三年と、繰り返して学ぶしかありません。

つまり、年を取ると忘れやすくなりますが、子供でもそうだということです。しかし、記憶力《きおくりょく》は訓練で強くなるものなのです。

「新しいもの」をつくるために「古いもの」を捨てる

覚えることが一定量を超《こ》えたら覚えられないのは、頭のキャパシティーが足りないために起きることであり、しかたがありません。記憶容量が少ないのです。コンピュータでも、それはあります。

この場合、頭のなかを重要な情報に入れ替《か》えるしかありません。覚えておくべきものを入れて、忘れてよいものを消去するしか方法がないので、ガラクタの知識を排除《はいじょ》し、将来において必要なもの、あるいは目先において必要なものに特化することが必要です。今は要らないものを〝メモリー〟から消してしまうのです。

そうすると気が楽になります。「あれも、これも」と思うと、頭に入り切らないのです。

私の説法《せっぽう》はたくさんあるため、内容を覚え切れない人はたくさんいます。そういう人は、自分にとって重要なものを優先して視聴《しちょう》してください。それで大丈夫《だいじょうぶ》です。内容を忘れたら、ＣＤやＤＶＤなどで、もう一回、聴《き》いたらよいのです。五回聴いても忘れた場合には、しばらくしたら、また聴きましょう。

何かを覚えるには、繰り返すしかないのです。子供もそうですし、お年寄りもそうです。

ですから、年を取っても、私の説法を一回聴いて、何年も覚えている人というのは、異常に頭のよい人です。

最近も、私の説法の映像を、うちの子が観《み》ていたのですが、説法をしている本人の私でさえ、「ほう、こんなよい説法をしていたのか」と驚《おどろ》き、「これは、いつの説法かな。いいことを昔も言っていたんだな」と思ったこともあります（笑）。

気をつけないと、以前と同じ話をして、本人がそれに気づかないこともあるぐらいです。これを「ボケ」と言われたら、それまでなのですが、それほどたくさんの説法をしてきました。

要するに、「新しいもの」をつくるためには、「古いもの」を、ある程度、捨てていかなくてはなりません。忘れていかないと、「新しいもの」をつくるのは無理なのです。

新鮮《しんせん》な情報を得て、「新しいもの」を乗せると、「古いもの」がぼやけてきます。「新しいもの」を入れると、「古いもの」を、ある程度、忘れるのです。

私の場合、説法をしたら、ある程度、その内容を〝忘れる〟ことで、新しい説法ができます。内容を全部覚えていると、頭がゴチャゴチャしてしまいます。私の説法は、やがてCDやDVDになり、本にもなります。そうしたら、もう私自身は覚えておく必要がないので、脇《わき》へ置き、気分よく、また新しい説法をしているのです。活字にしたり、CDやDVDにしたりしておくと、いつでも内容を知ることができるので楽です。

ですから、「一年前の説法と同じ内容で、もう一回、話してください」と言われても、「何を言ったか、詳《くわ》しくは覚えていない」ということはあります。大事なところについては覚えていると思いますが、もう一回、同じ演題で話をしたら、おそらく、全然違《ちが》う話になるだろうと思います。そんなものです。

要は、人間の能力には限界があるので、大事なものとそうでないものとを分け、大事でないものについては、「忘れてもしかたがない」と思うことです。

そして、必要性のあるもの、大事なものを、繰り返してやることです。それ以外に方法はないのです。

「能力に限界がある」と思ったら、今、必要ではないものを削減《さくげん》することです。本棚《ほんだな》や机の上には、自分が今、消化できるものだけを置き、消化できないものについては、見えない所に置いておくのです。そして、またご縁《えん》があったら、もう一回、読むなり見るなりすることです。

日々のニュースなどに対しては「選択的記憶《せんたくてききおく》」を使う

また、頭を使うと疲《つか》れるので、気をつけてください。

新聞は何紙もありますし、テレビ局もたくさんありますが、テレビも新聞も、他局や他紙と同じような内容のニュースをたくさん報道しています。

私は新聞を六紙も七紙も読んでいますが、七、八割は同じ内容です。そのため、何紙も読みたくはないのですが、他紙とは違うことを書いている部分も少しだけあるので、しかたなく幾《いく》つもの新聞を読んでいるのです。

ただ、人殺しや不況《ふきょう》、会社の倒産《とうさん》などについて、同じような内容のニュースを六つも七つも読み、それをすべて記憶《きおく》していたら大変なことになるので、「読むけれども、内容を記憶しない」ということも大事です。一日限りで忘れてしまうのです。

このように「選択《せんたく》的記憶」を行い、メモリーの中身を〝上手に消去する能力〟も必要です。不愉快《ふゆかい》なものは早めに削除しないといけません。全部を覚えていたら大変です。

「何年何月に、どこそこで殺しがあった」などということを、覚えておいたほうがよいのは、刑事《けいじ》と逃《に》げ回っている犯人ぐらいで、あとの人には関係がないでしょう。「どこそこで人が死んだ」ということを覚えているだけで不愉快です。「どんな手口だったか」「どんな殺され方をしたか」ということは、推理小説のファンは別として、あとの人には関係がないのです。

ところが、ニュースでは、殺し方まで克明《こくめい》に説明し、「血糊《ちのり》は、ここに付いていた」「凶器は、ここに落ちていた」などということまで報じたりします。そんなことを覚えてはいけません。忘れましょう。

「覚える」ことだけが大事なのではありません。必要のないものを「消し去る」ことも大事なのです。

不幸な記憶《きおく》は〝蒸発〟させ、幸福な記憶を反芻《はんすう》する

幸・不幸の感覚についても同じことが言えます。不幸な記憶《きおく》があまりにも溜《た》まりすぎて、幸福な記憶がすぐ〝蒸発〟する人は、不幸感覚が強くなります。

不幸な経験は避《さ》けられませんが、そうした記憶は早く〝蒸発〟させて、幸福な経験の記憶のほうを、牛のように、繰り返し繰り返し反芻《はんすう》することが大事です。そうすると、いつも幸福だったような気になります。悪いことはスーッと一日も早く忘れていくほうがよいのです。

その意味では、ボケには、ありがたい面もあります。ボケないと大変なことになる場合もあります。頭の記憶容量に限界があるからこそ、不愉快なことや悪いことを忘れられるのです。そういうことの記憶は、ときどき甦《よみがえ》ってくる

だけで、普段《ふだん》は忘れていられるのは、ありがたい話です。

内容のよくない本は最後まで読まなくてもよい

私は自分の頭脳には自信を持っていたのですが、「子供の頭と同じく、記憶が消えることもあるのだな」と、つくづく思うことがありました。

一九九一年ぐらいから、毎年、本を千冊以上読んでいたのですが、やはり、「大量に読むと、消えていく記憶もある」ということが分かりました。

頭の〝図書館〟のなかに情報を入れすぎると、どこかで記憶の重層化が生じ、出てこなくなるのでしょう。あるいは記憶が消えていくらしいことが分かってきたので、「『何でもかんでも読めばよい』というものではない」ということがよく分かりました。

対象を少し絞り込み、大事なもの、繰り返して読めるものを中心にして、じっくりと読み、それを折に触《ふ》れて、四回、五回と読んでいくと、その内容が自分の知識となり、力になって、ほかの人たちの参考になるようなことが言えるのです。

しかし、単にジャーナリスティックなものとか、最近流行《はや》っているものばかりを読みすぎると、記憶には残りませんし、頭のなかが雑然としてきて、大事な記憶のほうが少し薄《うす》れたりします。

そうならないようにするためには、雑多な情報をあまり入れないようにするか、記憶に残さないようにする努力をしないといけないのです。

仕事の関係で、いちおう目を通しておかなくてはいけないものがあるので、それについては見るのですが、見たあと「要らない」と思った情報は消さなくてはなりません。その判断が大事です。

また、本を買っても、それを〝読まない努力〟も要ります。買ってみないと、内容のよし悪《あ》しなどが分からないこともあるのですが、読み進めていて、「これは、おかしいな」「間違っているな」「くだらないな」などと思ったら、そこで読むのをやめてよいと思います。最後まで読み、内容を全部、頭に入れてしまうと、大事な本のほうの記憶が薄くなります。

ある程度、自分の能力の限界を知り、選択的に記憶しなくてはいけないのです。

現代においては「情報の選択《せんたく》」が重要

子供にも中年にもボケはあります。

若い人も〝ボケ〟ていなければ、試験で赤点を取らないかもしれません。しかし、若くても、記憶能力には限界があるので、自分に対して配慮《はいりょ》してやらないといけません。くだらないものの記憶にあまり能力を使うと、能力が蕩尽《とうじん》して、ボケと同じような状態が生じます。

現代においては情報が溢《あふ》れているので、とにかく「情報の選択《せんたく》」が重要です。くだらない情報の記憶を意図的に消す努力、そういうものを忘れる努力、そして、大事なものだけを繰り返し覚える努力が必要です。

動物にもボケはあるので、生物体として逃《のが》れられないところもあります。しかし、ボケには悪い面もありますが、よい面もありますし、〝忘れる〟ことによって幸福になる場合もあるのです。

老齢《ろうれい》になってボケる理由も、もしかしたら、そういうことであるかもしれません。人生に辛酸《しんさん》が多いと、ボケたほうが幸福な場合があるのです。「思い出したくないこと」がたくさんある人は、ボケるのが早いと思われます。そのように、ボケることが幸福な場合もあるのです。

［二〇〇一年十月十七日　質疑応答］

あとがき

病に対して全く対処法《たいしょほう》がないわけではない。

毎日、こまめに栄養《えいよう》や運動に気をつけつつ、ストレスフルな生活を、物事にこだわりすぎない淡々《たんたん》たる生活に切りかえていくことである。

しっかりとした信仰心を持ち続けることも、十分、免疫力《めんえきりょく》を高めることになる。さらには、仏法真理を学んで、悪魔《あくま》・悪霊《あくりょう》を寄せつけない心の状態をつくり続けることである。

時には「医者の予言」を完全に外《はず》すような奇蹟《きせき》も起きることがある。そういう時は、自分には多くの人たちへの使命と責任があると思おう。神様の側から見れば、利己主義者より、利他主義者を救いたいのは、あたり前のことである。

人を許し、愛せる、大きな器を持った人間になろう。病気からも何らかの悟りを得る人間となる時、ミラクルパワーがその身に臨《のぞ》むであろう。

二〇一八年　二月十三日

幸福《こうふく》の科学《かがく》グループ創始者兼総裁《そうししゃけんそうさい》　大川隆法《おおかわりゅうほう》

『病を乗り切るミラクルパワー』大川隆法著作関連書籍

『ザ・ヒーリングパワー』（幸福の科学出版刊）
『奇跡のガン克服法』（同右）
『病気カルマ・リーディング』（同右）
『心と体のほんとうの関係。』（同右）
『生長の家 創始者 谷口雅春に政治思想の「今」を問う』（同右）
『生長の家 三代目 谷口雅宣のスピリチュアル分析』（同右）
『人間にとって幸福とは何か――本多静六博士 スピリチュアル講義――』（同右）

※左記は書店では取り扱っておりません。最寄りの精舎・支部・拠点までお問い合わせください。

『大川隆法霊言全集 第48巻 谷口雅春の霊言⑦』（宗教法人幸福の科学刊）

病《やまい》を乗《の》り切《き》るミラクルパワー

――常識を超えた「信仰心で治る力」――

2018年2月27日　初版第1刷
2018年4月27日　第3刷

著者　大《おお》川《かわ》隆《りゅう》法《ほう》

発行所　幸福の科学出版株式会社

〒107-0052 東京都港区赤坂2丁目10番14号
TEL(03)5573-7700
http://www.irhpress.co.jp/

印刷・製本　株式会社 堀内印刷所

落丁・乱丁本はおとりかえいたします
©Ryuho Okawa 2018. Printed in Japan. 検印省略
ISBN978-4-86395-987-3 C0014

信仰の力で病気が治った
奇跡体験

幸福の科学では、信仰生活を続けていくなかで
「病気が治った！」という奇跡体験が数多く寄せられています。
その体験の一部をご紹介します。

CASE 1

壊死《えし》して落ちた足の指が再生した！

Y・Aさん　50代　女性　愛知県

　重度の糖尿病《とうにょうびょう》を患《わずら》っている私の主人は、昨年、左足の薬指が壊死《えし》してきて、膝下《ひざした》を切断する手術を勧《すす》められました。

　そこで、「病気根絶祈《き》願《がん》」などの祈願を受け、主人は毎日、これまでの人生でお世話になってきた人たちや、主に対して感謝と反省を深めていきました。

　すると、壊死して関節から先がなくなっていた薬指がだんだん再生してきて、入院三カ月、通院一カ月の合計四カ月ほどで、肌《はだ》の色や爪《つめ》まで元どおりになり、切断手術は必要なくなったのです。

　お医者さんは、「絶対にありえない」と驚《おどろ》いていましたが、今では車椅《い》子《す》も杖《つえ》も要《い》らなくなるほど元気になりました。

●小冊子は、お近くの幸福の科学の支部や精舎にございます。支部・精舎の所在地等は、右記までお気軽にお問い合わせください。
●小冊子は、下記ホームページでも一部をお読みいただくことができます。
http://info.happy-science.jp/magazine/

幸福の科学サービスセンター
03-5793-1727
【火～金】10時～20時【土・日 祝】10時～18時
幸福の科学 入会案内　検索
happy-science.jp/joinus

CASE 2

寝《ね》たきり生活から完全復帰

W・Fさん　40代　女性　愛知県

私は数年前、持病の「腰椎《ようつい》すべり症《しょう》」が悪化して、「要介護《かいご》2」の寝《ね》たきり生活になりました。体を動かすたびに激痛が走るなか、幸福の科学の信者である叔母《おば》から勧《すす》められた「反省行」「感謝行」を実践《じっせん》し続けていると、不思議と痛みが和《やわ》らいでいき、約一カ月後には、箱根精舎《はこねしょうじゃ》に参拝《さんぱい》することができました。

そして、礼拝堂《らいはいどう》で祈《いの》っていると、光の杖《つえ》が背骨を貫《つらぬ》いたような衝撃《しょうげき》を受け、その直後から松葉杖がなくても歩けるようになりました。さらに、「健康倍増祈願」を受けて帰宅した後《のち》は、健常者と変わらない生活に戻《もど》ることができました。

★この体験は、月刊「幸福の科学」2016年2月号に掲載されました。

CASE 3

脳梗塞《のうこうそく》から奇跡《きせき》の生還《せいかん》！

M・Tさん　50代　女性　山形県

高齢《こうれい》の母が脳梗塞《のうこうそく》を起こして倒《たお》れ、危篤《きとく》状態になりました。医師からは、「意識が戻《もど》らないと手術はできない」と言われ、私はすぐに、母のために「スーパー・ベガ・ヒーリング」の祈願《きがん》を受けました。

すると、母の意識が回復。手術を受けて、無事、一命を取りとめることができました。今でも元気に暮らしていて、親族からは「奇跡《きせき》だ！」と言われています。

★この体験は、月刊「幸福の科学」2016年5月号に掲載されました。

「病気が治った。良くなった」という奇跡体験は、幸福の科学の各種小冊子でも多数ご紹介しています。

「病気が治った！」

ガンや皮膚《ひふ》病が治った、奇跡の治癒ストーリー集。

「ザ・伝道」No.214

病気ができる本当の理由を分かりやすく解説！

天上界の治癒の光を受け
病気を克服するための研修・祈願

幸福の科学では、病気の苦しみから立ち直り、健康な人生を取り戻すための、さまざまな祈願を開催しています。その一部をご紹介します。

〈精舎《しょうじゃ》祈願〉

『機能再生祈願』
―オファエアリス神特別霊指導―

古代エジプトの「復活神話」のもとになったオフェアリス神より、あらゆる身体機能の再生と修復のための「奇跡の力」を賜《たまわ》ります。

全国の精舎で開催

『ヒーリング・パワーを得るための祈り』および講義

すべての罪を許し、すべての人を救う、主の無限の力を信じる者に治癒《ちゆ》の光を与え、一切の病気を快方《かいほう》に導きます。

全国の精舎で開催
※詳細は各精舎にお問い合わせください。

『病気根絶《こんぜつ》祈願』

信仰の力で、本来の光の体をよみがえらせ、病気の根本原因を断《た》つ祈願です。主の圧倒的な再生のパワーを授かります。

千葉正心館、北陸正心館で開催

『ガン細胞消滅祈願』

ガンの原因となる心や、過去世《かこぜ》の罪に対して主に赦《ゆる》しを願い、主の限りない御光《みひかり》により、ガン細胞を消滅させる祈願です。

全国の精舎で開催

『健康倍増祈願』

巨大な霊能力《れいのうりょく》を持つオフェアリス神の指導による、奇跡と神秘の祈願。あらゆる障害が取り除かれることを祈ります。

全国の精舎で開催

『スーパー・ベガ・ヒーリング』
―女神イシスのミラクル・パワー―

地球よりも千年進んだ医療《いりょう》科学技術を持つと言われる、進化・発展・変化の星ベガから、奇跡の再生パワーを授かります。

全国の精舎で開催

※幸福の科学の研修施設である「精舎《しょうじゃ》」は、天上界の光が降《ふ》り注《そそ》ぐ聖なる空間です。やすらぎの光に包まれて、エネルギーに満ちた本来のあなたに出会えます。

『花粉症対策・強力ヒーリング祈願』

神秘の大神霊《だいしんれい》オフェアリスに、花粉による一切の病変や不調から守護されることを祈り、健康の強力な増進を願います。

全精舎・全支部で開催

『プレアデス・ヒーリング』の祈り

プレアデス星の異次元《いじげん》の力によって、健康が回復し、人生が引き上げられる祈願。未来への光と希望が与えられます。

総本山・未来館、東京正心館、新宿精舎、横浜正心館で開催

〈精舎《しょうじゃ》研修〉

『奇跡のガン克服法』特別公案研修

奇跡の復活パワーを頂きたい、すべての方にお勧《すす》めの研修。

全国の精舎で開催

<カルマと病気対策>研修

過去・現在の病から、自分の魂のカルマ（心の傾向性）を克服《こくふく》する智慧《ちえ》を得て、未来の病気を予防する。

総本山・日光精舎で開催

「両親に対する反省と感謝」研修

幼少時からのことを振り返り、両親の愛について反省と感謝を深めます。

全国の精舎で開催

『罪が許されるための瞑想』研修

主の慈悲の御光のもと、罪の意識から解放され、魂の大いなる飛翔を成し遂げます。

聖地・四国正心館、仙台正心館で開催

幸福の科学の精舎へのアクセスやスケジュール等の情報はこちら。

「精舎へ行こう」 検索

※このページで紹介している祈願は、2018年2月現在開催中のものです。

〈支部月例祈願祭〉

『病気平癒《へいゆ》祈願』『健康祈願』

●その他、各種祈願を執《と》り行《おこな》っています。詳細は下記までお問い合わせください。

サービスセンター 03-5793-1727

【火～金】10時～20時【土・日 祝】10時～18時

大川隆法ベストセラーズ・心と体の健康を保つために

ザ・ヒーリングパワー

病気はこうして治る

ガン、心臓病、精神疾患、アトピー……。スピリチュアルな視点から「心と病気」のメカニズムを解明。この一冊があなたの病気に奇跡を起こす!

1,500円

病気カルマ・リーディング

難病解明編

「胃ガン」「心と体の性の不一致」「謎の視力低下」「血液のガン」の元にあった「心のクセ」や「過去世の体験」を解明! 健康へのヒントが満載。

1,500円

奇跡のガン克服法

未知なる治癒力のめざめ

著者「健康セミナー」CD付

なぜ、病気治しの奇跡が起こるのか。その秘密を惜しみなく大公開! 質問者の病気が治った奇跡のリーディング(霊査)内容も収録。

1,800円

※表示価格は本体価格(税別)です。

大川隆法ベストセラーズ・心と体の健康を保つために

心と体のほんとうの関係。

スピリチュアル健康生活

心臓病、パニック障害、リウマチ、過食症、拒食症、性同一性障害、エイズ、白血病、金縛りなど、霊的な目から見た驚きの真実が明かされる。

1,500円

超・絶対健康法

奇跡のヒーリングパワー

「長寿と健康」の秘訣、「心の力」と病気の関係、免疫力を強くする信仰心など、病気が治る神秘のメカニズムが明かされた待望の書。

1,500円

エイジレス成功法

生涯現役 9 つの秘訣

年齢に縛られない生き方とは——。この「考え方」で心・体・頭がみるみる若返り、介護や痴呆とは無縁の「生涯現役人生」が拓けてくる!

1,500円

大川隆法ベストセラーズ・幸福な長寿を得る

老いて朽ちず

知的で健康なエイジレス生活のすすめ

いくつになっても知的に。年を重ねるたびに健やかに——。著者自身が実践している「知的鍛錬」や「生活習慣」など、生涯現役の秘訣を伝授！

1,500円

日野原重明の霊言

幸福なエイジレス人生の秘訣

75歳からが、人生の本番——。いくつになっても楽しく働き、健康で幸福に生きる秘訣を、105歳まで"生涯現役"の名医が実践アドバイス。

1,400円

人間にとって幸福とは何か

本多静六博士 スピリチュアル講義

「努力する過程こそ、本当は楽しい」さまざまな逆境を乗り越え、億万長者になった本多静六博士が現代人に贈る、新たな努力論、成功論、幸福論。

1,500円

※表示価格は本体価格（税別）です。

大川隆法シリーズ・最新刊

心が豊かになる法則

幸福とは猫のしっぽのようなもの――
「人格の形成」と「よき習慣づくり」
をすれば、成功はあとからついてくる。
人生が好転する必見のリバウンド法。

1,500円

文在寅守護霊 vs. 金正恩守護霊
南北対話の本心を読む

南北首脳会談で北朝鮮は非核化される
のか？　南北統一、対日米戦略など、対
話路線で世界を欺く両首脳の本心とは。
外交戦略を見直すための警鐘の一冊。

1,400円

知られざる天才作曲家 水澤有一「神秘の音楽」を語る

古代文明の旋律、霊界の調べ、邪気を祓
う"結界"音楽――。幸福の科学の音楽
を手がける天才作曲家が、現代芸術の
常識を覆す、五感を超えた音楽論を語る。

1,400円

幸福の科学出版

大川隆法「法シリーズ」・最新刊

信仰の法

法シリーズ
第24作

地球神エル・カンターレとは

さまざまな民族や宗教の違いを超えて、
地球をひとつに――。
文明の重大な岐路に立つ人類へ、
「地球神」からのメッセージ。

第1章 信じる力
――人生と世界の新しい現実を創り出す
第2章 愛から始まる
――「人生の問題集」を解き、「人生学のプロ」になる
第3章 未来への扉
――人生三万日を世界のために使って生きる
第4章 「日本発世界宗教」が地球を救う
――この星から紛争をなくすための国造りを
第5章 地球神への信仰とは何か
――新しい地球創世記の時代を生きる
第6章 人類の選択
――地球神の下に自由と民主主義を掲げよ

大川隆法
信仰の法
地球神エル・カンターレとは
イエスが、
“父と呼んだ存在”
が明らかに。
人種、文化、政治、そして宗教――
さまざまな価値観の違いを超えて、
この地球は“ひとつ”になれる。
世界100カ国
以上(29言語)に
愛読者を持つ
著者渾身の一書!

2,000円（税別）　幸福の科学出版

心に寄り添う。
いじめ、不登校、自殺、そして障害をもつ人とその家族にとって、
ほんとうの「救い」とは何か。信仰をもつ若者たちが挑む心のドキュメンタリー。
企画・大川隆法
監督・宇井孝司　松本弘司　音楽・水澤有一　撮影監修・田中一成　録音・内田誠（Team U）
出演・希島 凛（ARI Production）／小林裕美　藤本明徳　三浦義晃（HSU生）プロデューサー・橋詰太奉　鈴木 愛　大川愛理沙
主題歌「心に寄り添う。」作詞・作曲　大川隆法　歌・篠原紗英（ARI Production）　製作・ARI Production
全国の幸福の科学 支部・精舎で4月27日(金)、一部劇場で5月5日(土)に公開!

さらば
青春、
されど
青春。
努力を重ねた平凡な日々も。
大切な人と過ごした時間も。
ただひとり眠れぬ夜も――。
いつも、“何か”を求めていた。
あなたを信じて、
ほんとうによかった。
製作総指揮・原案／大川隆法
大川宏洋　千眼美子
石橋保　芦川よしみ　日向丈　山田明郷　野久保直樹
長谷川奈央　梅崎快人　伊良子未来　希島凛　ビートきよし　大浦龍宇一　高杉亘　木下ほうか
監督／赤羽博　音楽／水澤有一　製作／幸福の科学出版　製作協力／ニュースター・プロダクション　アリ・プロダクション
制作プロダクション／ジャンゴフィルム　配給／日活　配給協力／東京テアトル　©2018 IRH Press

5月12日(土)ロードショー
saraba-saredo.jp

幸福の科学グループのご案内

宗教、教育、政治、出版などの活動を通じて、地球的ユートピアの実現を目指しています。

幸福の科学

一九八六年に立宗。信仰の対象は、地球系霊団の最高大霊、主エル・カンターレ。世界百カ国以上の国々に信者を持ち、全人類救済という尊い使命のもと、信者は、「愛」と「悟り」と「ユートピア建設」の教えの実践、伝道に励んでいます。

（二〇一八年四月現在）

愛

幸福の科学の「愛」とは、与える愛です。これは、仏教の慈悲《じひ》や布施《ふせ》の精神と同じことです。信者は、仏法真理をお伝えすることを通して、多くの方に幸福な人生を送っていただくための活動に励んでいます。

悟り

「悟り」とは、自らが仏の子であることを知るということです。教学《きょうがく》や精神統一によって心を磨き、智《ち》慧《え》を得て悩みを解決すると共に、天使・菩薩《ぼさつ》の境地を目指し、より多くの人を救える力を身につけていきます。

ユートピア建設

私たち人間は、地上に理想世界を建設するという尊い使命を持って生まれてきています。社会の悪を押しとどめ、善を推し進めるために、信者はさまざまな活動に積極的に参加しています。

国内外の世界で貧困や災害、心の病で苦しんでいる人々に対しては、現地メンバーや支援団体と連携して、物心両面にわたり、あらゆる手段で手を差し伸べています。

年間約３万人の自殺者を減らすため、全国各地で街頭キャンペーンを展開しています。

公式サイト **www.withyou-hs.net**

ヘレン・ケラーを理想として活動する、ハンディキャップを持つ方とボランティアの会です。視聴覚障害者、肢体不自由な方々に仏法真理を学んでいただくための、さまざまなサポートをしています。

公式サイト **www.helen-hs.net**

入会のご案内

幸福の科学では、大川隆法総裁が説く仏法真理《ぶっぽうしんり》をもとに、「どうすれば幸福になれるのか、また、他の人を幸福にできるのか」を学び、実践しています。

入会

仏法真理を学んでみたい方へ

大川隆法総裁の教えを信じ、学ぼうとする方なら、どなたでも入会できます。入会された方には、『入会版「正心法語」』が授与されます。

ネット入会 入会ご希望の方はネットからも入会できます。
happy-science.jp/joinus

三帰《さんき》誓願《せいがん》

信仰をさらに深めたい方へ

仏弟子としてさらに信仰を深めたい方は、仏《ぶっ》・法《ぽう》・僧《そう》の三宝《さんぼう》への帰依を誓う「三帰誓願式」を受けることができます。三帰誓願者には、『仏説・正心法《しょうしんほう》語《ご》』『祈願文《きがんもん》①』『祈願文②』『エル・カンターレへの祈り』が授与されます。

幸福の科学 サービスセンター
TEL 03-5793-1727
受付時間／
火～金：10～20時
土・日祝：10～18時

幸福の科学 公式サイト
happy-science.jp

政治

幸福実現党

内憂外患《ないゆうがいかん》の国難に立ち向かうべく、2009年5月に幸福実現党を立党しました。創立者である大川隆法党総裁の精神的指導のもと、宗教だけでは解決できない問題に取り組み、幸福を具体化するための力になっています。

幸福実現党 釈量子サイト
shaku-ryoko.net

Twitter
釈量子@shakuryoko
で検索

党の機関紙
「幸福実現NEWS」

幸福実現党　党員募集中

あなたも幸福を実現する政治に参画しませんか。

- ○ 幸福実現党の理念と綱領、政策に賛同する18歳以上の方なら、どなたでも参加いただけます。
- ○ 党費：正党員（年額5千円［学生 年額2千円］）、特別党員（年額10万円以上）、家族党員（年額2千円）
- ○ 党員資格は党費を入金された日から1年間です。
- ○ 正党員、特別党員の皆様には機関紙「幸福実現NEWS（党員版）」が送付されます。

＊申込書は、下記、幸福実現党公式サイトでダウンロードできます。
住所：〒107-0052　東京都港区赤坂2-10-8 6階 幸福実現党本部
TEL 03-6441-0754　**FAX** 03-6441-0764
公式サイト hr-party.jp　**若者向け政治サイト** truthyouth.jp

幸福の科学出版

出版メディア事業

大川隆法総裁の仏法真理の書を中心に、ビジネス、自己啓発、小説など、さまざまなジャンルの書籍・雑誌を出版しています。他にも、映画事業、文学・学術発展のための振興事業、テレビ・ラジオ番組の提供など、幸福の科学文化を広げる事業を行っています。

アー・ユー・ハッピー？
are-you-happy.com

ザ・リバティ
the-liberty.com

幸福の科学出版
TEL **03-5573-7700**
公式サイト **irhpress.co.jp**

THE FACT

ザ・ファクト
マスコミが報道しない「事実」を世界に伝えるネット・オピニオン番組

Youtubeにて随時好評配信中！

ザ・ファクト　検索

芸能文化事業

NEW STAR PRODUCTION

ニュースター・プロダクション

「新時代の"美しさ"」を創造する芸能プロダクションです。2016年3月に映画「天使に"アイム・ファイン"」を、2017年5月には映画「君のまなざし」を公開しています。

公式サイト **newstarpro.co.jp**

ARI Production

ARI《アリ》 Production《プロダクション》

タレント一人ひとりの個性や魅力を引き出し、「新時代を創造するエンターテインメント」をコンセプトに、世の中に精神的価値のある作品を提供していく芸能プロダクションです。

公式サイト **aripro.co.jp**

大川隆法　講演会のご案内

大川隆法総裁の講演会が全国各地で開催されています。
講演のなかでは、毎回、「世界教師」としての立場から、幸福な人生を生きるための心の教えをはじめ、世界各地で起きている宗教対立、紛争、国際政治や経済といった時事問題に対する指針など、日本と世界がさらなる繁栄の未来を実現するための道筋が示されています。

2017年8月2日 東京ドーム「人類の選択」

2017年5月14日 ロームシアター京都
「永遠なるものを求めて」

2017年4月23日 高知県立県民体育館
「人生を深く生きる」

2018年2月3日 都城市総合文化ホール(宮崎県)
「情熱の高め方」

2017年12月7日 幕張メッセ(千葉県)「愛を広げる力」

講演会には、どなたでもご参加いただけます。
最新の講演会の開催情報はこちらへ。 ⟹

大川隆法総裁公式サイト
https://ryuho-okawa.org